ek

Erich Lüth / Helgoland
die unzerstörbare Insel

Ernst Kabel Verlag

1. Auflage Oktober 1979
2. Auflage März 1980

Druck: Buch- und Offsetdruckerei Ernst Kabel, Hamburg
Buchbinderische Verarbeitung: Hunke & Schröder, Iserlohn
ISBN 3 921909 25 2

Inhalt

Zu Ihrer Information:
Dieses Buch hatte einen Vorläufer. Im Jahre 1965 veröffentlichte Erich Lüth im Verlag Georg von Hatzfeld, München, ein Werk unter gleichem Titel.
Für die Neuausgabe hat der Autor den Text überarbeitet, ergänzt und aktualisiert. Einige Kapitel wurden neu geschrieben.
In enger Zusammenarbeit zwischen Autor und Verlag wurde die Ausstattung und eine vollkommen neue, reichhaltige Illustrierung festgelegt.

Nachdenkliche Vorbemerkung

Dieses Helgoland-Buch hat eine ungewöhnlich lange Entstehungsgeschichte. Es faßt meine Erlebnisberichte zusammen, die ich während einer Zeitspanne von annähernd sechs Jahrzehnten aufgeschrieben habe. Eine frühere Auswahl aus den hier vorgelegten Kapiteln hat die mit ihrer Anerkennung geizende Wochenzeitung »Die Zeit« zu der Bemerkung veranlaßt, diese Texte seien »Con Amore« geschrieben, mit Liebe. Doch auch die stärkste Zuneigung darf nicht blind sein.

Die ersten starken Eindrücke, die ich von Helgoland, der »unzerstörbaren Insel« gewonnen habe, reichen noch bis in die Zeit vor dem ersten Weltkrieg zurück. Doch bald begannen die Ereignisse sich zu überstürzen: Krieg, Evakuierung des Inselvolkes, Zerstörung eines Teils der Festungsanlagen, Inflation und Blütejahre während der Weimarer Republik, Entfaltung des Kurbetriebes, Umrüstung der Insel, vernichtende Bombenangriffe, erneute Evakuierung, die Sprengung und die Befreiung unter der Europafahne, dann endlich Wiederaufbau und Wiedererstehung zu alter und neuer Schönheit. Diese ganzen dramatischen Eruptionen hätten mit »heißer Nadel genäht«, in einem Atemzuge zu Papier gebracht werden können. Doch das geschieht in diesem Buch keineswegs, auch wenn es sich bei vielen Kapiteln um Momentaufnahmen handelt und nicht um Rekonstruktionen. Auch geht es um keine bloße Aneinanderreihung von thematisch geordneten Rückblicken.

Mit anderen Worten: Diese Schilderung des Inselschicksals erfolgt in Tuchfühlung mit der sich dynamisch entwickeln-

den Zeit, die voller Wandlungen ist. Was mich aber nicht daran hinderte, in die Fülle frischer und farbiger Gegenwartsbilder auch Fragen nach einer ferneren Vergangenheit zu stellen, sie zu untersuchen und die gefundenen Antworten in das Gegenwartsbild einzufügen.
Schon sind die Inselfreigabe und die erste Flaggenhissung nach der großen Sprengung zu einem Stück Geschichte geworden. Helgoland ist anders geworden, neu, auch in seiner Architektur. Doch der Kern dieser Insel, der rote Fels, die Atmosphäre und ihre maritime wie menschliche Identität sind geblieben, was sie waren: Eigenwillig.
So war und ist es weder Gefährdung noch Verfälschung des Überkommenen, wenn ich die Sammlung meiner Berichte bis in die Gegenwart hinein aktualisiert habe.
Meine Quellen waren selbstverständlich die reiche Helgoland-Literatur, waren die Helgoland-Archive, doch waren es zur Hauptsache die unzählbaren lebendigen Gespräche mit fast drei Generationen gebürtiger Halluner.

Erich Lüth

Hamburg, 1979

Diese 2. Auflage – so kurz nach dem Erscheinen im Herbst 1979 – bedurfte keiner Veränderung.

Erich Lüth

Hamburg, 1980

Die unzerstörbare Insel

Es gibt über die Insel Helgoland eine reichhaltige, wenn auch weit verstreute Literatur.

So klein dieser rote Felsen ist, viele Schriftsteller, ja Dichter, und viele Gelehrte haben ihn immer für ein großes Thema gehalten.

Würden die Helgoländer selber alles, was über ihre Insel geschrieben wird, lesen, sie müßten sich ungeheuer wichtig nehmen oder – was viel besser zu ihnen paßt – sie würden spöttisch lächeln. Ich sehe deutlich die vielen verschmitzten Krähenfüße in ihren Augenwinkeln. Doch alle Lektüre würde sie gewiß nicht aus der Fassung bringen. Gottlob lesen sie das, was wir Federfuchser schreiben, nur auszugsweise. Einiges davon ist besonders gut und wichtig. Aus der Fülle der Literatur sei das umfassende Buch von *Siebs* und *Wohlenberg* »Helgoland und die Helgoländer« genannt. Nicht minder wichtig, wenn auch etwas ungleichwertig, ist das Buch »Helgoland ruft«, im Auftrage des Helgoland-Ausschusses herausgegeben von Dr. James *Packroß* und Peter *Rickmers*. Ein guter Wurf war das *Merian*-Heft »Helgoland-Niederelbe« aus dem Jahre 1951.

Von früheren Schriften sei das vom Autor reich illustrierte Skizzenbuch des Carl *Reinhardt* »Von Hamburg nach Helgoland« aus dem Jahre 1856 zitiert, eine bibliophile Kostbarkeit, die der Hamburger Broschek-Verlag nach der wertvollen Erstausgabe, die bei J. J. Weber in Leipzig erschienen war, vollständig nachdruckte – eine köstliche Mischung aus Gewesenem und aus Unvergänglichem, das heute noch gilt. Zu diesem Skizzenbuch, das soviel Charakter und soviel leuchtende Patina besitzt, schuf Alfred *Mahlau* vor wenigen Jahren ein künstlerisch wertvolles und köstliches Pendant, dessen kolorierte Blätter allerdings nur mit knappem Text ausgestattet sind.

Eine Fundgrube ist die einzigartige Heimat-Zeitschrift »Helgoland«, ein Mitteilungsblatt für »Halluner Moats«, deren Schriftleiter James *Krüss*, Gustav A. *Janssen* und James *Packroß* waren. Die vorbildliche graphische Gestaltung lag in den Händen von Rainer *Schmidt*. Diese Zeitschrift der von ihrer Insel Verbannten ist eine ungewöhnliche publizistische Leistung.
Aus der unabsehbaren Fülle der wissenschaftlichen Veröffentlichungen über Helgoland sei das verdienstvolle helgoländische Wörterbuch von Dr. Willy *Krogmann* genannt, ein Sprachdokument von bleibendem Wert.

Was die deutschen Dichter über die Insel schrieben, ist in die deutsche Literaturgeschichte der letzten hundertfünfzig Jahre eingegangen. Auch hier nenne ich nur einige Namen: Heinrich v. Kleist, Heinrich Heine, Hoffmann von Fallersleben, Friedrich Hebbel bis hin zu Hans Leip, Hans Henny Jahnn, Hermann Claudius und Martin Boyken.
Wer über Helgoland schreibt, wird viele dieser Autoren nicht übergehen können. Sie zu zitieren, ist kein Plagiat, sondern Abtragung einer Dankesschuld.
Auch die Helgoländer haben Dichter hervorgebracht. Drei Namen mögen hier für eine ansehnliche Gruppe stehen: Hans Frank Heikens, Heinrich Classen und James Krüss. Es gibt Lyrik in der Inselsprache und eine mundartliche

Spruchweisheit Helgolands von großer Innerlichkeit, Klangschönheit und edler Sprachmelodie.
Bildende Künstler hat Helgoland kaum hervorgebracht. Auch große Maler des Festlandes wurden nur zu kurzer Begegnung angezogen. Dazu war der Nährboden dieser Insel zu schmal. Um so reicher ist allerdings, was von Kupferstechern und Lithographen geschaffen worden ist. Unabsehbar und gut ist auch das, was die Kartenzeichner an gezeichneten und gestochenen Bildberichten über die Insel der Nachwelt überliefert haben.

Die Dichter äußern erstaunliche Ansichten über die Insel Helgoland. Hans *Leip* beginnt seine kleine Erzählung »Die Rosenmöwe« mit folgenden Sätzen: »Dann tauchte die Insel auf und erschien von weitem wie ein Ziegelstein.« Und er läßt einen dicken Mann an Bord des Schiffes sagen: » Helgoland, das ist eine Zunge, gegen Großbritannien ausgestreckt.«
Heinrich v. *Kleist* nennt den Felsen »ganz unfruchtbar«. Ihn stimmt die Gedrängtheit der Siedlung beklommen, die Häuser und Straßen scheinen ihm so eng, daß kein Fuhrwerk sie passieren und höchstens nur eine Leiche hindurchgetragen werden kann. Die Flut drohe die Häuser des Unterlandes gänzlich hinwegzuspülen. Der einzige Baum, der sich im Hofe des Predigerhauses befinde, sei ein Maulbeerbaum. Kleist spricht von einer »öden, nackten, von der Natur gänzlich vernachlässigten Felsscholle«.
Friedrich *Hebbel* bewundert hingegen die Helgoländer: »Nirgends wird mehr eingesetzt, um weniger zu gewinnen als hier, aber gerade diese schmale Situation ist dem Durch-

schnittsmenschen am zuträglichsten, und darum haben die hiesigen Fischer und Schiffer mehr Rundes und Abgeschlossenes als alle Dichter und Philosophen zusammengenommen.«

Auch Hebbel empfindet die Kleinheit, die Verlorenheit, die Abgeschiedenheit und die Enge der Insel und umschreibt sie in einer zauberhaften Anekdote: »Eine alte Frau von Helgoland kommt in ihrem Leben zum ersten Male aufs feste Land. »Mein Gott, mein Gott«, ruft sie mit Tränen aus, »wie groß ist Deine Welt!« Denn Helgoland ist klein. Wie eine Flocke Meerschaum in der Unendlichkeit dessen, das ewig fließt. Daß auch Johann Peter Eckermann, der Freund und Gehilfe Goethes, auf Helgoland weilte und ein Helgolander Fischerlied (»lander« - nicht - »länder«) dichtete, hat die Nachwelt, selbst auf der Insel, längst vergessen. Doch auch Franz Kafka, fast ein Abseitiger, beschrieb 1901, ohne Esotherik, d.h. handgreiflich wie ein Reporter, eine Badereise nach Helgoland. Interessant daran seine respektvolle Darstellung des Kurtheaters der Insel, dem er hohe Qualität attestierte. Immer wieder sucht die Phantasie des Menschen Zuflucht auf den Inseln, die Gott uns geschenkt hat. Je kleiner ein Eiland, desto größer ist die Liebe, die sich ihm zuwendet. Hier findet man nicht die Menge des Vielzuvielen, wohl hingegen sich selber.

Überall auf dem Festlande kann der Mensch seine Umwelt verändern und sie nach seinem Geiste formen: Die vielen großen Häuser, Straßen und Märkte, die mächtigen Dome, Rathäuser, Schulen und Fabriken, selbst Wald und Flur werden vom Menschen geformt. Die Umwelt der Inseln jedoch bleibt unabänderlich: Das Meer bleibt, wie es immer war,

und der Himmel verharrt unerschütterlich, so wie er am ersten Schöpfungstage gewesen ist.
Und so gilt von Helgoland das Wort: Hier findet der Mensch seine eigene Mitte wieder. Hier pflegt er Zwiesprache mit den Elementen und kehrt zurück in den Urschoß der Natur, dorthin, wo sie groß und herrlich, himmlisch und göttlich ist.
Da steht in einem alten Merian-Heft zu lesen: »Ich habe mir überlegt, daß es vielleicht angebracht wäre, die ganze Insel aus dem felsigen Untergrund zu lösen, sie hinüber aufs Festland zu retten, um sie dort in einem Helgoland-Museum unter eine mächtige Glasglocke zu stellen. Diese Glocke müßte allerdings tausendmal größer sein als das riesige Gewölbe des Hamburger Hauptbahnhofes. Doch das wäre wohl Unsinn. Auch wenn die Insel hundertmal ein Naturdenkmal ist, das niemand antasten dürfte, so läßt sie sich ohnehin nicht lösen vom Meeresgrund, sie läßt sich nicht heben aus der See, und schließlich wäre es auch unmöglich, den Himmel über dieser Insel abzureißen oder durchzuschneiden. Wir müssen die Insel lassen, wo sie ist. Das ist Gottes Wille.«
Man mag Helgoland zu den friesischen Inseln rechnen, zu einer Gruppe also. Dennoch ist diese Insel ganz einmalig. Zwar ist sie eine von einem Friesenvolk besiedelte Insel. Doch ist der rote Fels unverwechselbar und einzigartig in seiner Gestalt, in seiner Geschichte und in seinem Schicksal. Hier brach der Buntsandstein durch die Erdkruste und hob sich empor über die Fischgründe und über das Meer. Sie wurde ganz anders als die der Küste vorgelagerten Inseln der norddeutschen Wasserkante, die aus Sand und Klei entstanden oder übriggeblieben sind.

Wie herrlich sind die Dünenlandschaften von List und Hörnum, von Amrum und Norderney, wie fruchtbar prangen die deichgeschützten Halligen mit ihren vom Wind umtosten Wohninseln, den Friesenhäusern auf den Wurten – Helgoland ist mit keiner von ihnen zu vergleichen.
Es liegt weit draußen im Meer. Es ist dem Festland nicht nur vorgelagert. Es ist eine kleine in sich abgeschiedene, dem Himmel unmittelbar unterstellte und landschaftlich autonome Welt, eine ragende Trutzburg der Natur, ein Gebirge über der brandenden See. Nahe genug dem Festland und seinen großen Häfen, um erreichbar zu bleiben für die Lufthungrigen, die dem Ozean verfallen sind; und doch fern genug, um die Insulaner und ihre Gäste nichts anderes schmekken zu lassen als das heilsame Salz der Nordsee und nichts anderes riechen zu lassen als das starke Aroma des jodhaltigen Blasentangs.
Cuxhaven und die Kugelbake sind 65 km entfernt, die Sandbänke von der Halbinsel Eiderstedt glimmen mit ihren Brandungsstreifen tief unterhalb des Horizontes in einer Entfernung von 53 Kilometern. Das ist viermal soviel wie das schärfste Menschenauge von der Hafenmole Helgolands aus erfassen kann. Bei Nacht allerdings zucken am Horizont die Lichter der Leuchttürme von der Küste und lassen das Festland ahnen.
Dieser hauchdünne Vorgeschmack der Ebene, der Viehweiden, der Äcker und der dampfenden Wälder steigert nur das Gefühl des Inselgastes, allein und doch geborgen und abgeschieden zu sein, abgeschieden vom Alltag und aller Gewohnheit, losgelöst vom Alltäglichen.
Gewiß: auch die Insel hat ihren Alltag, doch ist ihr Alltag

ganz anders als »drüben«. Dieser Alltag auf Helgoland hat einen Glanz wie nirgends sonst.

Weshalb steht Helgoland dem Herzen unzähliger Festlandmenschen so nahe? Es ist nicht nur das ungebrochene reine Licht an hellen Sonnentagen, nicht nur die Kraft der Farben, das leuchtende Rot der Felsen, das satte Grün der Inselvegetation. Helgoland, das ist viel mehr als nur das tiefe Blau des Meeres, mehr als der Pastellton der bunten Häuser, mehr als das schimmernde Weiß der Düne, mehr als das seidige Silbergrau der Nebeltage. Der tiefere Grund für alle unsere Zuneigung hat auch einen menschlichen Gegenstand, weit hinausgehoben über alles Anorganische der Naturerscheinung: Das sind die Geschichte der Insel, das Schicksal des Inselvolkes, ihrer Menschen, der Halluner Moats.

Die Engländer, die Deutschen, die Dänen, die Holsteiner oder die Elbhanseaten, Kaiser, Könige, Ratsherren von Hamburg oder Häuptlinge der Likedeeler, jener Seeräuber vom Schlage des Klaus Störtebeker oder des Godeke Michel, sie alle mögen zeitweilig Besitzer und Herren der Insel gewesen sein. Sie kamen und gingen. Die Helgoländer sind immer geblieben. Unwandelbar, stolz, heiter und selbstsicher.

Das Inselschicksal, der Sturm und das Meer, die Schiffahrt, das Lotsengeschäft, der Fischfang, die Vogelstellerei und der Reichtum der Hummerbänke haben diesen Menschenschlag geprägt.

Die Halluner Moats leben mit den Gezeiten, mit Flaute und Wind. Sie leben nach einer anderen Uhr und nach einem anderen Atemrhythmus als die Bauern, Handwerker und Handelsherren jenseits der Horizonte. Sie haben ihr eigenes Maß, eine andere Lebensintensität und ein anderes Lebensgefühl als die auf dem Festland.

Aus der Geschichte der Insel

Lassen wir die Geschichte der Insel in einigen knappen Daten sprechen: In einem Bericht über das Leben des Heiligen *Willibrord,* aufgezeichnet durch den Angelsachsen Alkuin, ist erstmals von einer Insel Heiligland oder auch Fosetisland die Rede.

Auf dieser Insel sollen sich die Heiligtümer des altgermanischen Gottes Fosete befunden haben.

Dem Heiligen Willibrord wird nachgerühmt, daß er, auf dieser Insel gelandet, die heiligen Kühe des altgermanischen Gottes geschlachtet und friesische Bewohner der Insel getauft hat. Auch von dem Friesenkönig *Radbod* wird erzählt, der später die Missionare auf Helgoland überwältigt haben soll.

Die Chronik verlegt die Schiffsreise des Bischofs Willibrord etwa in die Zeit um 692. Die Insel, die der Fuß des Heiligen betreten hatte, soll um jene Zeit die Ausdehnung Helgolands um ein Hundertfaches übertroffen haben. Sie soll eine Insel mit fruchtbaren Äckern, tiefem Urwald und einigen Anhöhen gewesen sein. Niemand weiß es genau.

Die kritische Geschichtsforschung zweifelt diesen Bericht an, auch wenn der bedeutende Chronist des Nordens Adam von *Bremen* um 1050 manche weiteren Einzelheiten gibt. Doch vermischt Adam von Bremen Legende und Sage mit der geschichtlichen Wirklichkeit.

Wohl hat der friesische Held Radbod gelebt. Auch trifft es zu, daß er mit Eifer an den heidnischen Göttern hing und ein zorniger Gegner des Christentums war. Niemals hat sich jedoch sein Machtbereich, das westliche Friesland, bis nach Helgoland ausgedehnt.

Auch die Verbindung des Namens Farria mit dem Namen Helgoland und Fosetisland, die in einigen alten Berichten vollzogen wird, ist irrig. Wohl stimmen einige Beschreibungen Helgolands mit der frühgeschichtlichen Wirklichkeit überein, doch bezieht sich der Name Farria mutmaßlich auf die Inselgruppe der *Faeroer.*

Um die Vorgeschichte aller dieser Inseln webt das Geheimnis. Dieses Geheimnis ist auch für die Mönche des Festlandes, die des Schreibens kundig waren, schwer zu durchdringen gewesen. In der Entfernung verschwimmen alle Umrisse, sie fließen wie die einer Fata Morgana ineinander. In der Phantasie wird aus mehreren Inseln eine, ihre Größe wächst in das Traumhafte, und ihre landschaftlichen Merkmale verschmelzen miteinander zu einer Vision. Auch der Bau von Kirchen auf Helgoland kann nachträglich nicht mehr genau nachgewiesen und lokalisiert werden. Nur so ist es zu erklären, daß spätere Geschichtsschreiber mündliche Überlieferungen zusammenfaßten und ihnen nun durch handschriftliche Fixierung eine nur scheinbar dokumentarische Realität zu geben suchten. Auch wenn ihre Handschriften echt sind, so bleibt ein großer Teil ihrer Texte dennoch fromme Erfindung. Jeder Reisende, der die rote Insel sieht, muß vor ihrem herrlichen Bild staunen und wird zum Dichter, wenn er dies Erstaunen daheim an andere weitergibt.

Man zweifelt daran, ob Adam von Bremen selber die Insel besucht hat. Wäre er dort gewesen, so hätte er neben den Sandsteinfelsen auch die Kreideklippen entdecken müssen, die erst in der Neuzeit durch Menschenhand und durch Stürme abgetragen worden sind. Ähnliche Kreidevorkommen übrigens, wie wir sie bei Bad Segeberg und auf Rügen finden.

Der Name Helgoland jedoch kehrt in so vielen Fassungen wieder: Hilligland, Hilgeland, Halgeland, Heiligenlund, daß die Verbindung mit einem altgermanischen Heiligtum unbestreitbar scheint, falls nicht eine andere sprachliche Deutung zu Recht bestehen sollte: Danach könne das Land der Hallunner, der Helgoländer, auch »hohes Land« bedeuten. »Halleg« ist wohl identisch mit »heilig«. Der Begriff kehrt wieder in der Hallig, einer Inselform, die den Stürmen trotzt. Das friesische Wort Hallig heißt auch »fest und stark« und könnte somit eine Beschreibung der Charaktereigenschaften eines starken Inselvolkes sein. Man muß stark sein, um auf einer von den Elementen umtobten Insel von Generation zu Generation dem Schicksal und den Stürmen standhalten zu können.

Doch eben diese Entfernung zum Festland, die Unberechenbarkeit des Wetters und der Strömungen, die Absperrung durch Sände und Untiefen machten die Insel für die Festlandsmänner, vor allem für die Stubenhocker, die Federfuchser, Büchernarren und Kartenzeichner schwer erreichbar. Gerade sie waren auf den Bericht der Fischer und der Seefahrer angewiesen. Dieser Bericht aber klang stark und lebhaft und wurde in den bunten Farben der Dichtung gegeben.

So kam es 1652 zur Aufzeichnung einer Karte von Helgoland durch den Kartenzeichner Johannes Mejer von Husum, auf der die Entwicklungsstadien auch der Jahre 800, 1300 und 1649 wiedergegeben sind. Die Zustandsschilderungen der Jahre 800 und 1300 sind frei erfunden. Diese Karte des

Johannes Mejer wird geschmückt durch ein Seeungeheuer, offenbar einen Walfisch. Sicherlich war in jenen Zeiten die Nordsee auch von Walen stark bevölkert.
Die Küstenlinie der Insel von 800 ist – alles andere ist undenkbar – ein reines Phantasieprodukt. Diese erdichtete Insel wird nämlich von einem Gespinst vieler Flußläufe durchzogen. Sie ist buchtenreich und mit etlichen Häfen ausgestattet. Da gibt es den Nordhafen, den Westhafen, den Osterhafen und den Hilligenhafen, allerdings ohne Orte, also Landeplätze nur und offene Reeden.
Eine gewisse Schraffur der Mejerschen Karte läßt darauf schließen, daß der Zeichner das Watt mit zum eigentlichen Inselgebiet rechnet. Doch alles das sind persönliche Spekulationen. Das trifft auch für das von Johannes Mejer vermutete äußere Bild der Insel um 1300 zu. Der jüngste Zustand um 1649 nähert sich hingegen stark der Wirklichkeit. Da sind die beiden festen Inselkerne: der hohe Fels des Buntsandstein-Gebirges und die nicht minder kräftige Erhebung der Kreideklippen, verbunden durch eine gar nicht schmale Landzunge. Von diesem Festland strahlen weitere Zungen nach Nord und Süd und, von der heutigen Dünenregion ausgehend, auch zwei Landzungen nach Südwesten.
Unabhängig von diesem Kartenwerk wurden, angeblich nach Hinweisen aus dem Jahre 1240, im 16. Jahrhundert in einem Verzeichnis der Kirchen von Nordfriesland sieben heilige Stätten, Kirchspiele mit großen Gemeinden, aufgeführt. An anderer Stelle werden vier Gemeinde-Gemarkungen genannt: Westerkirch, Süderkirch, Osterkirch und das Kloster. Auch sie sind Dichtung.
Nach Peter Sax (1639) soll die Insel um das Jahr 1000 herum

sogar neun Kirchspiele besessen haben, während Johannes Mejer deren nur vier in sein phantasievolles Kartengebilde einträgt.
Alles, was Fabel und Dichtung von der Insel zu sehen und zu sagen gewußt haben, ist in diesen Bildteppich mit hineinverwoben worden. Es ist die Vision, das Traumbild einer Insel und alles andere als eine Arbeitsfrucht fleißiger und zuverlässiger Landmesser.
Radbod, König der Friesen, der nie über Helgoland geherrscht hat, feiert auch auf der Helgoland-Karte des Johannes Mejer fröhliche Wiederauferstehung, ja, Johannes Mejer weist dem Radbod sogar ein Hünengrab zu und gibt einem Hügel den Namen Radbodberg, während der zweite sein Grabhügel ist.
Die Legende des irrealen Helgoland wird noch bis in die Mitte des achtzehnten Jahrhunderts fortgesponnen, und ganz zum Schluß übersteigern noch Journalisten dieses Erinnerungsbild. 1745 wird eine Renaissance-Burg in die Helgoland-Vision hineinkomponiert.
Wohl denken wir an die versunkenen Städte Rungholt, Vineta und Atlantis. Mit ihrem Schicksal beschäftigen sich ganze Generationen namhafter Poeten. Da aber immer wieder Städte, Dörfer, Kirchen und Klöster von den großen Fluten verschlungen worden sind, ohne daß das Schicksal ihrer Bewohner genau geklärt werden konnte, sind alle diese Erzählungen verständlich. Sie sind der schöpferische Ausdruck der Furcht und der Achtung des Küstenmenschen vor der Gewalt des Meeres. Wahrheit und Dichtung vermischen sich in ihnen.
Eine ähnliche Mischung geht der altgermanische Götterkult

mit frühchristlichen Märtyrerlegenden ein. So kam es zur Sage von der *Heiligen Ursula,* die mit elftausend Jungfrauen von England entführt und nach Helgoland gebracht worden sein soll. Dort soll vielen von diesen Jungfrauen Gewalt angetan worden sein, bis ein Gottesgericht über die Insel hereinbrach, das fruchtbare Land zerstörte, Äcker und Wälder versinken ließ. Nichts blieb von aller Herrlichkeit übrig als der rote Fels, die Versteinerung als Strafe! Denn wer anders als Gott kann einen Acker in ein Gebirge verwandeln? Obgleich keine Dokumente die Existenz der Königstochter Santa Ursula beweisen, ist ihr Name in die Kirchengeschichte Nordfrieslands eingegangen. Hier wird Helgoland als »Insel der Ursula« bezeichnet. Eine plausible Erklärung für die phantasievolle Vergrößerung des Inselbildes mag darauf zurückzuführen sein, daß die vom Festland herbeisegelnden Fischer bei Ebbe jenen mächtigen Felssockel entdeckten, der, einst Bestandteil des Inselmassivs, nun als steinerner Fuß bei Steilebbe aus dem Meere auftaucht.

Daß es sich erdgeschichtlich um eine Aufwölbung über einem gewaltigen unterirdischen Salzgebirge handelt, war den phantasiebegabten Chronisten und Dichtern jener Jahrhunderte noch nicht geläufig. Sie brachten die geologischen Verwerfungen im Tertiär in schicksalhafte Zusammenhänge mit der jüngeren Vergangenheit. Sie übersetzten die geologische Entstehung der Brandungsterrassen ins Menschliche und Göttliche, ins Mystische und Mythische.

Von diesem Beiwerk muß der Historiker die Inselsaga entkleiden. Zu diesem Beiwerk zählt auch jene reizvolle Föhrer Sage, über die Willy Krogmann, der langjährige Lehrbeauftragte für friesische Philologie an der Universität Hamburg, berichtet. Danach ist Helgoland vom Teufel aus Norwegen geholt worden. Anders konnten sich offenbar die Küstenfriesen nicht erklären, daß sich der Helgoländer Fels in die deutsche Bucht verirrt hat. Auch die Lummen von Helgoland, jene possierlichen Miniaturausgaben der arktischen Pinguine, sind auf Helgoland wie im nördlichen Norwegen heimisch. Desgleichen lebt der Hummer auf den submarinen Helgoländer Felsbänken in einer ähnlichen submarinen Landschaft wie zu Füßen der norwegischen Steilküste. Wenn das nicht Gott getan hat, dann konnte es nur das Werk der Dämonen gewesen sein!

Die Helgoländer Säulen des Herkules

Sehr viel nüchterner lauten einige überkommene Berichte aus der Antike. Auch *Tacitus* hat bereits vom Vorhandensein der roten Klippe gewußt. Er verzeichnete nämlich eine von *Drusus* unternommene Erkundungsfahrt, die vom Kanal aus bis in die Nordsee vordrang.

Drusus kehrte von dieser Fahrt mit merkwürdiger Kunde zurück: Er habe im Nordmeer »Säulen des Herkules« gesehen! Und sicherlich hat er damals schon Pylonen angetroffen, wie es heute der »Hengst« oder die »Lange Anna« sind.

Der Römer mag mehrere dieser roten Pfeiler wahrgenommen haben. Sie gab es tatsächlich. Auch unter den Völkern des Mittelmeeres wurden der erdgeschichtliche Vorgang der Auswaschung von Felspartien durch das Meer und die Abtrennung einzelner roter Felsnadeln vom großen Felsmassiv in dem nach Jahrmillionen rechnenden geologischen Prozeß menschlich vereinfacht und umgedeutet in sehr viel leichter vorstellbare Geschehnisse des Ringens zwischen Göttern, Elementen und Menschen.

Willy Krogmann erwähnt, daß schon drei Jahrhunderte vor Drusus der Grieche Pytheas von Massilia Helgoland entdeckt habe. Er muß wohl an Land gegangen sein, um die Insel zu durchforschen; denn von ihm wurden uns Namen überliefert, die den Charakter Helgolands umschreiben. Pytheas von Marseille gibt die Entfernung zwischen dem norddeutschen Festland und dem roten Fels richtig an. Sie wurde mit den Schiffen jener Zeiten an einem Tage zurückgelegt. Damals tauchte der Name *Baswaleia* für Helgoland auf: roter Stein oder Basileia. Helgoland muß damals eine Bernsteininsel gewesen sein. Das steinerne Harz ist nach den Winterstürmen in großer Menge angetrieben oder aus dem Sand hervorgewaschen worden. Die Bewohner der Insel haben den Bernstein anstelle des fehlenden Holzes zur Unterhaltung ihres Herdfeuers verwendet. Für unsere Vorstellung ein reichlich kostbarer Brennstoff.

Bei dem stark ausgeprägten Wirklichkeitssinn der Griechen und Römer sind in diese Angaben kaum Zweifel zu setzen. Da waren die Behauptungen Christians I., König von Dänemark, viel »gewagter«, als er sich mit den Hamburgern, Bremern und Dithmarschern um den Besitz Helgolands stritt. Christian I., gleichzeitig auch herzoglicher und gräflicher Landesherr von Schleswig und Holstein, leitete von dem Vorhandensein des mächtigen, bei Steilebbe auftauchenden Felsenfußes der Insel ab, daß Helgoland mit Eiderstedt, Utholm, Nordstrand, Föhr, Sylt und Amrum vor nicht gar so ferner Zeit eine zusammenhängende Region gebildet und noch vor 755 Jahren zu Schleswig gehört habe. Demnach treffe es nicht zu, wie die Hansen behaupten, daß die rote Insel »im offenen Meer« liege und deshalb »frei« sei. Schon 755 Jahre sollten genügen, um einen Anspruch »verjähren« zu lassen. Christian verringerte die erdgeschichtlichen Zeitabstände um etliche Jahrtausende, nur hatte er hierbei seine Besitzansprüche im Auge und keineswegs die Geologie.

So war Helgoland häufig ein Spielball in der Machtpolitik der Fürsten, Herren und Hansen, ohne selber Macht zu besitzen und ohne durch sein kleines Inselvolk eine eigene Geschichtsschreibung der Machtpolitik betreiben zu können. Helgoland war nicht groß genug, um Wohnsitz eines Königs zu sein. Sicherlich wäre die Geschichte des Inselvolkes dann ungleich blutiger verlaufen. Bei den um die Insel geführten Kämpfen ging es kaum um die Herrschaft über ein- oder zweitausend Insulaner; es ging vielmehr um den festen und vorgeschobenen Stützpunkt, um den Zufluchtsort oder den Nothafen für die großen seefahrenden Küstenvölker im offenen Meer. Diesen Küstenvölkern boten die Helgoländer Schiffer gegen Gebühr oder Tribut ihre Lotsendienste an. Ihnen diente bei Nacht ein offenes Feuer auf der hohen Felskante, die Blüse, als Seezeichen, ein Vorläufer späterer Laternen und elektrisch betriebener Leuchtfeuer.

Durch eben diese »Blüse« gerieten die Helgoländer zeitweilig gar in Gewissens- und Interessenkonflikte. Denn noch reichlicher als das Einkommen aus Lotsengebühren fiel bei widrigen Winden der Ertrag an Strandgut aus. Hier war man weniger von Skrupeln beladen als heutzutage und betrauerte, sobald es Fremde waren, kaum das Los der Schiffbrüchigen. Man gab den Ertrunkenen, deren Leichen am Strand der Insel angeschwemmt wurden, wohl ein christliches Grab, meinte jedoch, ohne sonstige Beschwernis des Herzens, daß das an Land getriebene Kaufmannsgut der gesunkenen Schiffe eine Gottesgabe sei.

Das Küstenvolk aller Regionen dieser Welt hat sich selten gescheut, den lieben Gott um einen reichen Segen an Strandgut zu bitten. Weshalb sollten da die Helgoländer zimperlicher sein als die Küstenbewohner des englischen Inselreiches, Skandinaviens oder Frankreichs?

Das Wort, Helgoland sei eine Zunge, ausgestreckt gegen England, hat nur bedingt seine Richtigkeit. Gerechtfertigter ist eine andere Meinung, wonach die Insel »ein guter Korken in einem Flaschenhals« sei.

Dieser Flaschenhals war die Fahrrinne, in der die Schiffe elbaufwärts fuhren oder die von ihnen passiert werden mußte, wenn der Kurs der Kommandanten nach England, Flandern oder Frankreich gerichtet war. Für die Segler, die von weither die Elbmündung ansteuerten, war der rote Felsen ein erster Gruß und Vorbote des Festlandshafens. Er war ihr Schirm und Schutz und auch ihr Wegweiser.
Böse war es nur, wenn die Feinde der freien Schiffahrt, die Kaperer, die Freibeuter, Piraten und Likedeeler, zünftige und unzünftige Seeräuber aus der Insel eine Bastion gegen die Kauffahrer machten. So spielt Helgoland auch in der Geschichte der Piraterie eine bedeutende Rolle. Und wieder sind es weniger die Männer des Inselvolkes als die Invasoren, die viele Kapitel dieser Geschichte der Piraterie mit Gallustinte oder Blut geschrieben haben; offen gesagt, mehr mit dem Schwert, mit der Streitaxt, der Armbrust, der eisernen Schlange und dem Enterhaken als mit dem Federkiel.

Hamburgs »Bunte Kuh« besiegt Störtebeker

Da ist von den Häuptlingen der Vitalienbrüder, von Klaus *Störtebeker,* Godeke *Michels* und Gottfried *Wikbold,* zu berichten, die um 1400 von See her eine eigene Macht- und Bündnispolitik trieben. Diese abenteuernden Räuber bezeichneten sich selber gern als »Gottes Freund und aller Welt Feind«, angeblich bereit, mit den Armen zu teilen, was sie den »reichen Krämern und Pfeffersäcken von Hamburg und Bremen« abgejagt hatten.

Störtebeker war ein Condottiere der Nordsee und des baltischen Meeres, gefürchtet zwischen Greifswald, Rügen und Gotland, verdammt in Hamburg und Bremen, zuhause auf Helgoland und Neuwerk. Die Vitalienbrüder des Klaus Störtebeker besaßen in Friesland ihre Bundesgenossen, ihre Freunde und ihre heißen Liebschaften. Sie residierten in einer Schwächeperiode Hamburgs im viereckigen festen Turm von Neuwerk und schröpften nach Herzenslust die Konvois der hansischen Handelskoggen.

Waren die Schiffe einmal geentert und streckten die Mannschaften nicht rasch genug ihre Waffen, so mußten die Überlebenden des Schlachtgetümmels an Bord über die Klinge springen. Viele hoben deshalb willig die Hand und gingen eilig zu den Piraten über; denn schließlich mußten ja auch die Schiffshauptleute der Seeräuberflotte Störtebekers ihren Abgang an Toten durch Lebendige ersetzen, die des Segelns, des Raufens und des Saufens kundig waren.

Lange war Helgoland die uneinnehmbare Festung des räuberischen Seehelden Klaus Störtebeker. Eines der Brandungstore im Buntsandsteinfels von Helgoland führte in eine

Höhle, die eine Schatzkammer der Piraten gewesen sein soll. Hätte in dieser Höhle nicht Dämmerlicht geherrscht, so wären die Augen ihrer Besucher geblendet worden durch das Gleißen gemünzten und ungemünzten Goldes, durch das Funkeln kostbaren Frauenschmuckes und anderen Geschmeides. Auch an Eß- und Trinkbarem soll es den hungrigen Mägen und den durstigen Kehlen der Likedeeler, der Gleichteiler, niemals gemangelt haben.

Die Reede von Helgoland wurde dann um 1400 zum Schlachtfeld, als die Hamburger alle ihre Kräfte zusammennahmen, eine starke Kriegsflotte unter dem Befehl der Ratsherren Nicolaus Schocke und Hermann Langhe ausschickten, um der Plage ein Ende zu bereiten. Für Hamburg wie für die Vitalienbrüder war diese Seeschlacht von Helgoland ein bitterer Kampf um Leben und Tod.

Die Gestalt Klaus Störtebekers, der Bier und Wein in vielen Litern aus großmächtigen Humpen durch seine Kehle gejagt haben soll, ist gleichzeitig historisch verbürgt und legendär verklärt.

Er war ein genialer Kriegsherr, ein kühner Seefahrer und ein furchtloser Abenteurer. Aus solchem Holz werden sonst Entdecker und Eroberer geschnitzt. Die Condottiere der italienischen Renaissancefürsten, die portugiesischen und spanischen Conquistadoren Mittel- und Südamerikas haben gewiß mehr Blut vergossen und sind kaum von edlerem Wuchse gewesen als die Häuptlinge der berüchtigten Gleichteiler. Ihre Stärke war so imponierend, daß sich die Zeitgenossen den Sieg der Hamburger nicht anders erklären konnten als durch Magie oder zumindest doch durch Kriegslist.

Da wird berichtet, daß sich die Flotte der Hamburger, angeführt durch das Admiralsschiff »Die bunte Kuh von Flandern«, dessen Schiffskommandant der Müllerssohn Hermann Nienkerken von der Alstermühle gewesen ist, bei matter Brise der Reede von Helgoland genähert habe. Dann aber stiegen vom fast ruhigen Wasser immer dichtere Nebelschwaden auf, so daß nach Einbrechen der Dunkelheit von den Hamburger Orlogs-Schiffen Beiboote ausgesandt werden konnten. Diese Boote trugen über Holzkohlenfeuern kleine Kessel mit flüssigem Blei.

Mit leisestem Ruderschlag näherten sich diese Boote dem Schiff des Häuptlings, Störtebeker, das den Namen »Sunte Maria tom Schare« trug. Die Hamburger Kriegsknechte erklommen wie Katzen den Spiegel des feindlichen Flaggschiffes, gossen in das Ruder der »Sunte Maria tom Schare« ihr flüssiges Blei, um dann, geschützt durch den immer dichter werdenden Nebel, zu den eigenen Schiffen zurückzukehren.

Als am Morgen der Schlacht eine frische Brise aus Nordwest aufkam und beide Flotten, die der Hamburger und der Likedeeler, sich rüsteten zum großen Gefecht, da war der Hauptmann der Piraten außerstande, die gewohnten kühnen Segelmanöver auszuführen. Sein Ruder sperrte sich und klemmte, obschon viele Hände, mehr als sonst, in seine Speichen griffen. Nur infolge dieser Verwirrung an Bord der Piratenflotte soll es den Hamburgern dann gelungen sein, die sonst so schnell segelnden Schiffe der Seeräuber zu entern und die sich verzweifelt wehrenden Likedeeler durch Übermacht an Mannschaft und an Waffen zu bezwingen.

Wer die Gewässer um Helgoland kennt, wird – auch wenn er selber kein Fahrensmann ist – diese Kriegsmär leicht widerlegen können. Auch bei Windstille zieht über die Ankerplätze vor Helgoland eine so mächtige Strömung, daß selbst bei dicker Abpolsterung der Ruderduchten die Riemenarbeit der Ruderer geräuschvoll genug sein mußte, um die Nachtwachen der Likedeeler aufzuscheuchen. Nie auch wird ein Fuchs wie Störtebeker alle Mann an Bord zum Zechgelage zugelassen haben. Für die Wachen galt selbst im Kreise der Trinkfesten das Gebot der Nüchternheit.

Und endlich: Wären das Schiff des Räuberadmirals und andere Schiffe tatsächlich durch eine Kriegslist bewegungsunfähig gemacht worden, so wäre es wohl zum Schlachten, niemals aber zur Schlacht gekommen.

Darüber jedoch, daß diese Seeschlacht in aller Wildheit und Leidenschaft durch viele blutige Stunden getobt hat, gibt es unter den Chronisten keinerlei Widersprüche.

Die Ebbe- und Flut-Strömungen von Helgoland hätten jedes bewegungsunfähige Schiff in kurzer Frist auf den felsigen Grund treiben und scheitern lassen. Von keinem Schiff der Piratenflotte jedoch weiß der Historiker zu melden, daß es vor dem Untergang im Kampfe aufgelaufen und gestrandet sei.

Die Seeschlacht vor Helgoland, das ist die nüchterne Wahrheit, war ein von beiden Seiten mit Mannesmut und Verzweiflung geführter, offener und rücksichtsloser Kampf. So wild, daß sich auch in der großen Handelsstadt Hamburg für die zum Tode verurteilten Gefangenen, an ihrer Spitze Klaus Störtebeker, Respekt und Mitleid regten, wie man sie nur einem großen und tapferen Gegner zu zollen pflegt.

Andererseits fürchtete man sich im Rathaus zu Hamburg und in der hamburgischen Admiralität, die gefährlichen Gegner

am Leben zu lassen und ihnen damit eine neue Chance zu geben. So köpfte man sie nicht ohne leises, untergründiges Bedauern auf dem Grasbrook bei Hamburg und steckte die abgeschlagenen Häupter der Freibeuter zur Warnung für alle, die mit den Piraten sympathisierten, auf Pallisaden. Diese Warnung ging auch an die Anschrift der Söhne hamburgischer Handelsherren. Für sie konnte die Lust am Abenteuer nur zu leicht eine Verführung werden, hatten sich doch etliche Adlige, Magister, Lateinschüler, Söhne aus gutem Hause und entsprungene Mönche dem Störtebeker verschrieben und an Bord seiner Schiffe sogar die Messe lesen lassen.
Ein Nachfolger Klaus Störtebekers war der aus Dithmarschen gebürtige Pirat Hans Pomerenink, der auf den Namen *Wiben Peter* umgetauft worden war.
Neben dem gewaltigen Wuchs des vierschrötigen Störtebeker nimmt sich die Figur des Wiben Peter historisch fast zierlich aus. An Bedeutung mag er ein Zwerg gewesen sein. Auch er aber war ein gefürchteter Räuber und Schlagetot, so daß die Dithmarscher 1545 zwei Kriegsschiffe mit Mannschaften nach Helgoland schickten, um seiner habhaft zu werden. Unglücklicherweise hatte Wiben Peter die Mehrzahl seiner Verschworenen an die Küste geschickt, um Proviant zu holen. So sahen sich die Dithmarscher Rächer nur einer schmalen Handvoll von Piraten gegenüber. Diese wenigen konnten die Landung ihrer Verfolger nicht verhindern. So zog sich Wiben Peter mit seinen Getreuen auf den Kirchhof auf dem Oberland zurück. Aus seinen Mauern suchten sie mit einigen Barsen und Haken, kleineren Kanonen, eine Festung zu machen. Die Kanonen waren jedoch unhandlich

Die Helgolandkarte des Johannes Mejer: Helgoland um 800, 1300 und 1649

Panorama von Helgoland in der Mitte des vorigen Jahrhunderts

Lithographie von Wilh. Heuer

Das Unterland

Lithographie von D. M. Kanning

Trafalgarstraße

Mörmersgat

Die Treppe

Stahlstiche von C. M. Laeisz / J. Gray

Helgolander.

Habitans de l'île Helgoland. *Habitans of the Isle Helgoland.*

Lithographie von H. Jessen

und langsam, so daß die katzenhaft anspringenden Dithmarscher das schmale Glacis vor dem Kirchhof durchliefen und Wiben Peter sehr bald zur Flucht trieben.
Die wenigen Räuber suchten nun, in den Kirchturm zu entkommen. Jetzt schossen die Angreifer senkrecht nach oben durch die Dielen und verwundeten die Fliehenden, die bald danach, drei an der Zahl, überwältigt wurden. Ein letzter, Jochim Schrivemann, wurde gefangengenommen.
Wohl hatten die Helgoländer den Mannen des Wiben Peter Asyl geboten, doch wurde ihnen von den Dithmarschern diese »Neutralität« nicht weiter angekreidet. Im Gegenteil: Als die Sieger die Niederlage ihres mißratenen Landsmannes Wiben Peter feierten und nach Kumpanen Umschau hielten, traktierten sie die Helgoländer reichlich mit Bier und waren fröhlich, vorerst aller Sorgen um den Frieden ihrer Küste ledig zu sein.

Helgoland in den Europäischen Wirren

Noch etliche Male fiel der Insel in den internationalen Wirren Europas eine wichtige Rolle zu, wenn auch mehr am Rande des großen Weltgeschehens.

Während im Dreißigjährigen Kriege die beiden konfessionellen Parteien, die Lutherischen und die Katholischen, sich gegenseitig in die Knie zu zwingen suchten, hielten sich die Hamburger, geschützt durch hohe Festungswälle, klug aus dem mörderischen Gemetzel heraus und pflegten wie zuvor ihren Handel. Hamburg war jedoch lutherisch, *Ludwig XIV.* von Frankreich sympathisierte aber mit den Katholischen. Deshalb dirigierte die französische Majestät ihre Kaperschiffe nach Helgoland, um von hier aus reiche Beute zu machen.

Auch diese Besatzungsmacht nahmen die Helgoländer mit einiger Gelassenheit hin. Sie gaben nicht zu erkennen, wie sie dachten, verzichteten wohl auch für einige Zeit auf frische Butter und Käse vom Festland und begnügten sich mit Dorsch, Makrelen und Hummern. An den Fastentagen lieferten sie den Franzosen ihren Fisch und tauschten ihn gegen Burgunder ein, ein Geschäft, das wegen sprachlicher Schwierigkeiten weniger mit Worten als mit Gesten zuwegegebracht wurde.

1809 zog sich *Wilhelm von Braunschweig* mit seiner Schar nach Helgoland zurück. Ganz Preußen war verloren. Er erhielt mit fünfzehnhundert Mann auf Helgoland britisches Asyl.

Schon seit 1806 war Helgoland in dem gewaltigen Schmuggel-Großunternehmen der Engländer gegen Napoleon einer

der wichtigsten Stützpunkte und Umschlagsorte für den Handel mit Kaffee, englischen Tuchen – eine Börse auch für Nachrichten, Agenten und Spione geworden. So wurde das Inseldorf zu einer Speicherstadt und Helgoland zu einem Blockadebrecher der napoleonischen *Kontinentalsperre*.
Jede Hummerbude wurde zum Warenlager. Viele Fässer, Kisten und Ballen lagerten unter freiem Himmel am Strand. Ein Strom von Gold floß auch durch die Hände der Fischer, Lotsen und Inselkaufleute. Die Insel war über Tag reich geworden, doch wurde sie nach dem Untergang des großen Korsen über Nacht wieder arm.
Erst wer diese üppige Scheinblüte und den großen Katzenjammer nach der Hochkonjunktur sich vor Augen hält, vermag ganz zu ermessen, weshalb der Helgoländer J. A. *Siemens* zum Retter des ganzen Inselvolkes wurde, als er das Seebad gründete.
Ehe es jedoch soweit kam, mußten die Helgoländer noch bittere Hungerjahre erleiden. Die Fischerei war zurückgegangen. Mancher Fischer, der mit seinem Boot bei Nacht und Nebel die Sperre der Franzosen gebrochen und sich an ein großartiges Leben gewöhnt hatte, scheiterte nun.
Etliche waren auf dem Festlande auf einen anderen Geschmack gekommen und wanderten nun ganz auf das Festland oder aber nach Übersee aus. Doch selbst diese Auswanderer sollten bis in das dritte und vierte Glied ihr Heimweh nach Helgoland im Herzen bewahren.
Zu kleineren Kriegsereignissen bei Helgoland kam es 1849, als drei nicht sehr seetüchtige Schiffe einer deutschen Bundesflotte unter Admiral *Brommy* ein wenig eindrucksvolles Gefecht mit der dänischen Korvette »*Valkyren*« führten.

Erfolgreicher war Admiral *Tegethoff* im Mai 1864, als er mit seinen beiden österreichischen Fregatten sowie einigen preußischen Kanonenbooten ein dänisches Geschwader zum Abdrehen zwang.
Fünfzig Jahre später, im August 1914, sanken vor Helgoland mehrere deutsche Kreuzer und ein deutsches Torpedoboot im Feuer britischer Kriegsschiffe. Zuvor war die Insel in eine uneinnehmbare Festung verwandelt worden. Um so bitterer war die Enttäuschung der Deutschen, daß es den Engländern gelang, insgesamt vier deutsche Marineeinheiten angesichts der mächtigen Batterien von Helgoland zu versenken.
Zweimal wurden diese gewaltigen Festungsanlagen der Insel gesprengt. Nach dem ersten Weltkrieg brachte man zwar nur mit einigen Dynamitpatronen die Eingänge zu den Kasematten zum Einsturz. Deshalb suchten die Sieger nach dem zweiten Weltkrieg *ganze* Arbeit zu leisten.
Sie füllten die unterirdischen Befestigungsanlagen mit 6700 t Munition und sprengten diese gewaltige Ladung am 18. April 1947 mit einem Schlage in die Luft. Vorher und nachher warfen Tausende von Bombern ihre Sprengladungen über der Insel ab. Bis auf den Flakturm, der standhielt, blieb kein Stein auf dem anderen. Die Oberfläche der Insel verwandelte sich in eine Mondlandschaft, übersät von tausend Kratern, – ein Bild, als sei der Felsen aussätzig geworden.
Und dennoch blieb der Kern der Insel unversehrt. Von der Sprengung im April 1947 erhofften die einen, was die anderen befürchteten: daß damit diese Festung im Meer für alle Zukunft bis in ihre Grundfesten auseinanderbersten würde.
Und wieder überstand die Insel diesen furchtbaren Schlag. Die Südspitze zerbrach. Zwischen Oberland und Unterland

bildete sich um den großen Sprengkrater herum ein völlig neues Mittelland. Der Pultdeckel des Oberlandes aber wurde durch den Sprengungskanal zwischen Süd- und Nordspitze aufgerissen, und so verwandelte sich das Oberland in eine neuartige Gebirgslandschaft.

Diese schweren Wunden sind jedoch verheilt. Die Vegetation wucherte so üppig, daß die Sprengungslandschaft sich in eine neue Naturlandschaft verwandelt hat, so als sei die große Vernichtungsexplosion im Grunde genommen nur eine Naturkatastrophe gewesen, mit naturhaften Ergebnissen.

Über die jüngste Geschichte der Insel wird in einem anderen Abschnitt ausführlicher gesprochen werden. An dieser Stelle sei nur noch einmal gesagt, daß bei aller Eigenwüchsigkeit der Helgoländer und bei all ihrer unleugbaren Lebenstüchtigkeit Helgoland und sein Inselvolk immer zu klein gewesen sind, um selber Geschichte zu machen. Wohl begegneten einander auch auf dieser Insel die geschichtsbildenden Kräfte aller Zeiten: die Griechen und die Römer, die Wikinger, die Heiden und die Christen, die Herzöge und Kaiser, die Despoten und die Demokraten, die Seefahrer und die Kriegsknechte, die Engländer, die Franzosen, die Niederdeutschen und die Dänen, die Dichter und die großen Naturwissenschaftler.

Auf Helgoland wurde Alexander v. Humboldt über das Geheimnis des Meeresleuchtens belehrt. Helgoland entzückte den Naturwissenschaftler Ernst Haeckel und wies ihm neue Wege. Hier dichtete Hoffmann v. Fallersleben die Hymne der Deutschen und ließ sich von Julius Campe, dem Verleger Heinrich Heines, vier Dukaten als fürstliches Honorar für dieses Lied von Recht und Freiheit zahlen.

Helgoland ist, wie wir noch hören werden, das Mekka der Ornithologen und das Refugium der Heuschnupfenkranken. Es hat vielerlei Gestalt. Es ist der Traum aller, auch aus dem Binnenlande, die dem Meere verfallen sind und die sich am Süd- oder am Nordstrand der Düne gesundbaden wollen. Es ist das Dorado der Haifischangler und der Regattasegler, ein Treffpunkt der Lebenshungrigen, die es gelüstet, der grauen Großstadteintönigkeit zu entweichen und dort mit doppeltem Appetit russischen Kaviar, französischen Sekt, schottischen Whisky, Brasilimporten, ägyptische Simon-Arzt-Zigaretten und holländische Schokolade zu schlemmen, nur weil sie zollfrei sind! Aber das sind alles nur Beigaben zum großen Erlebnis einer Inselwelt, von dem jeder angerührt und gefangengenommen wird, sobald er nur seinen Fuß auf die rote Klippe setzt.

Die geologische Geschichte der Insel

Die Geschichte eines Volkes, auch eines Inselvolkes, wird von den Historikern geschrieben. Die Geschichte einer Landschaft, eines Kontinents und auch einer Insel wird von den Geologen aufgezeichnet.

Die Zeiteinheit des Historikers ist das Jahr, das Jahrzehnt, das Jahrhundert. Vor dem Angesicht eines Jahrtausends schwindet oder schrumpft das Schicksal der Menschen, ihrer Familien und Völker. Sichtbar bleiben über dem Abgrund der Jahrhunderte nur wenige. Das sind die ganz Großen.

Die Zeiteinheit in der Erdgeschichte beginnt bei den Jahrtausenden. Sie führt sehr rasch in die Jahrmillionen.

Vor Jahrmillionen drang das Meer vor und bedeckte vom Westen her nach Osten vorstoßend die flache Mulde zwischen dem Rheinischen Schiefergebirge und den Bergen Schottlands und Skandinaviens. Es rollte sich vor und wich wieder zurück. Es ließ gewaltige Steinsalzkrusten entstehen. Dann verwitterte in diesem Becken der von den Berghängen abgespülte Schutt. Das zermahlene Gestein trocknete wieder, es versteinte erneut und bedeckte das Salz. Dann begann im Schoße der Erdkruste das Steinsalz zu arbeiten, bis sich nach größeren und kleineren Erdstößen die Kreidefelsen von Rügen und Dover ebenso wie die Buntsandsteinschollen von Helgoland und die Kreidefelsen seiner Düne emporstülpten.

In tiefen Atemstößen entlud der Ozean seine Flut und zog sie wieder in die gewaltigen ozeanischen Gräben zurück. Es war heiß und kalt. Unabsehbare Geschlechterfolgen von Algen, Muscheln, Schnecken, Würmern, Fischen und anderen

Lebewesen starben und wurden begraben. Viele ihrer Skelette konservierten sich in den versteinerten Schichten der Sedimente. Viele verdichteten sich zu Muschelkalk.

Der Wissenschaftler vermag in den Schichten der Gesteine zu lesen wie in alten Pergamenten und Chroniken. So erhielten kurzlebige Wesen ihre ewige Existenz als Petrefakten, als Versteinerungen.

Die Geologen erzählen uns, daß Helgoland niemals ein kleiner Subkontinent gewesen ist, sondern lediglich eine flache Aufwölbung von fünf mal acht Kilometern im Quadrat. Das waren also anstelle der heutigen zwei Quadratkilometer höchstens vierzig Quadratkilometer, sehr viel weniger als das heutige Staatsgebiet der Freien und Hansestadt Hamburg, die trotz ihrer bescheidenen Abmessungen neunzehnmal geräumiger ist, als es jemals das prähistorische Inselmassiv Helgolands gewesen sein kann.

Die Schräge des Helgoländer Oberlandes verdankte ihre frühere Glätte der Hobelwirkung längst geschmolzener Eiszeitgletscher.

Der Neigungswinkel der Buntsandstein-, Muschelkalk- und Kreideschichten, der etwa sechzehn bis zwanzig Prozent beträgt und von der Felskante abzulesen ist, wurde durch den elementaren Druck der unterirdischen Salzstöcke hervorgerufen.

Die Wissenschaft schätzt die Anhebung dieser gewaltigen Sandsteinschollen aus dem Erdinnern auf 1500 Meter. Ähnliche Aufwölbungen gab es im holsteinischen Kalkgebirge von Segeberg und in dem unterirdischen Kalk- und Gipsgebirge von Lüneburg.

Helgoland, der Fels und sein ausgedehnter Sockel sind, trotz

der Höhe des Klippenrandes, nur ein flacher Hügel inmitten der See.
Das heutige malerische und scharfe Profil der Insel ist ein Erzeugnis zehntausendjähriger Einwirkungen der See, deren Wellenschlag durch die ewige Wiederkehr der Gezeiten wie ein kunstfertiger Steinmetz die Felskante, ihre Nischen, Tore, Gatts, Hohlkehlen und Pylonen gemeißelt hat. Sechzig Meter, das ist die Höhe des Felsens, sind angesichts der Alpengipfel und der gewaltigen Tiefseegebirge nur niedere Stufen in der dicken Schale unseres Erdballs.
Die vom Wasser freigefallenen Brüche und Rinnen des Inselsockels lassen erkennen, daß die sehr viel breitere als hohe Felsplatte beim Aufsteigen aus der Tiefe tausendfach geborsten ist. Das Ganze aber war das Werk von Jahrmillionen. Insofern irrte also der König Christian I., als er in völliger Verkennung erdgeschichtlicher Zeitmaße ebenso kühn wie selbstsüchtig behauptete, noch 755 Jahre vor seiner Regierungszeit sei die Insel mit dem Reich seiner Vorfahren vereinigt gewesen.
Die letzten großen Veränderungen allerdings hat die stürmische See in einem relativ kurzen Zeitabschnitt von fünf- bis sechstausend Jahren vollbracht. So betrachtet, ist Helgoland jung.
Gemessen am Leben des Menschen ist das Alter der Insel jedoch ehrwürdig. Schwer faßbar bleibt die Tatsache, daß flüchtige Wellenfurchen einmal die noch nicht versteinerten Schichten der Senkstoffe geformt haben, überraschend auch, daß sie in Wellen und Rippeln den unruhig hüpfenden Seegang in ihren Versteinerungen aufgezeichnet haben.
Die Flüchtigkeit des Kräftespiels der Elemente wird in dieser

Versteinerung bildhaft und erzählt von der Vergangenheit der Insel, als sei sie selber einmal lebendig gewesen und als lebte sie noch. Wer Augen hat zu sehen, der kann von den Gatts und Stacks, ja von jedem Felsbrocken das Drama dieser Insel ablesen.

So sehr wir eine der Karten des Johannes Mejer getadelt haben, so gewissenhaft hat er doch die Einzelheiten des Zustands zu seiner Zeit festgehalten. Die äußere Form der Hauptinsel ist seit 1639 fast unverändert geblieben. Um so einschneidender sind jedoch die Wandlungen, die sich auf der Düne und an der weißen Klippe vollzogen haben, dem sehr geräumigen Kreidefels, dessen Plateau einmal eine grüne Weide war, ähnlich dem bis zum zweiten Weltkrieg von Schafen bevölkerten grünen Oberland.

Die Vernichtung der *weißen Klippe* ist weitgehend von Menschenhand begünstigt worden. Die Helgoländer selbst haben die weiße Klippe zum Steinbruch gemacht, Kreide gewonnen und daraus wirtschaftlichen Nutzen gezogen. Als Insulaner haben sie damit einen Akt der Selbstverstümmelung vollzogen; denn der von ihnen angebrochene und geschwächte Fels fiel nunmehr um so rascher den stürmischen Springfluten zum Opfer, bis sich die Strömung dann endlich eine mächtige Rinne durch die Landzunge zwischen roter und weißer Klippe gegraben hat.

Heute sind Insel und Düne durch einen 1400 Meter breiten Sund voneinander getrennt. Der Dünensand ist nur noch eine flüchtige Sandhaube, die Wind und Wellen auf den Kreidesockel stülpten und mit unsichtbaren Fäusten hin und her bewegen.

Auch die *Aade*, eine lange, spitze Nase aus Sand und Geröll, bewegt sich ständig unter dem Druck des Hochwassers und der Brandung. Sie krümmt sich zum Haken. Sie gibt dem Druck der Stürme nach. Sie zieht sich zurück, dringt wieder vor, wird gelegentlich unterbrochen durch überlaufende Wellen und bewahrt dennoch eine gewisse Stabilität. Ihre Elastizität wird zum Prinzip ihrer Abwehr gegen die Kräfte der Flut.

Die Helgoländer

Sie sind Inselfriesen mit allen Merkmalen einer durch ihren insularen Wohnsitz bedingten Eigenart. Ihre Sprache ist der Sprache der Küstenfriesen am Wattenmeer verwandt und unterscheidet sich von ihr doch stärker als durch eine bloße Dialektfärbung. Das Eigene der Helgoländer hat sich auch durch die Berührung mit den Fremden auf ihrer Insel kaum abgeschliffen. Die Inselkultur war gefestigt, fast autonom. Sie bewahrte sich lange Zeit unversehrter als auf Sylt oder Amrum. Daran haben die schon vor dem zweiten Weltkrieg außerordentlich hohen Ziffern der flüchtigen Badegäste wenig geändert. Erst die Zerstörung des Ortes, seiner alten Häuser, des Hausrates und die langjährige Evakuierung erschütterten die alten Ordnungen nachhaltig.

Die Insel, der hohe Himmel, der Atem des Meeres und »die eigenartig geschärfte Milde der Luft« prägten immer wieder aufs neue den gleichen Menschen. Das Klima, das Licht und nicht zuletzt auch der Wechsel der Gezeiten gingen den Menschen ins Blut.

Die Männer von der Biologischen Anstalt auf Helgoland weisen mit Recht darauf hin, daß die mineralischen Salze im Blute des Menschen die gleichen sind, bis in die Spurenelemente hinein, wie die des Seewassers. Wo sonst kann das Meer seine Regenerationskraft und seine Prägekraft so intensiv entfalten wie auf einem winzigen Eiland, das vom Meere ganz umschlossen ist?

Dieser Einfluß auf den Menschen muß auf Helgoland zwangsläufig stärker sein als an der Küste, die den Landwind, den Rückenwind, den Staubwind kennt, Winde die es auf

Helgoland nicht gibt. Die Inseln Sylt, Borkum und Norderney sind küstennah, Helgoland ist küstenfern. Ich habe unter den Menschen auf Helgoland kaum einen Riesen entdeckt. Man spricht bei den Helgoländer Männern durchweg von einem mittleren Wuchs. Dennoch wirken ihre mittelgroßen Gestalten stabil und kraftvoll und größer als sie sind. Der unablässig blasende Wind, die natürliche Hautmassage, läßt alle Poren kräftig mitatmen und sorgt für eine gute Durchblutung, die den Kreislauf stärkt und keine Lethargie aufkommen läßt. Fettpolster werden weggeblasen.

Die Haut der Männer ist gegerbt. Sie wirkt wie Leder so straff. Sie bleibt es auch, wenn mit den Jahren die Runzeln kommen. Die Haut nimmt den Kupferton südlicher Länder an und verliert dieses Timbre selbst im Winter nicht.
Auch die Männer, die nicht täglich zum Hummer- oder zum Fischfang fahren, schauen von der Landungsbrücke, von der Düne oder von der Kliffkante oft hinüber zur Kimm.
Vom Brandungssaum bis zum Horizont werden fünfzehn Kilometer gemessen. Der Blick vom Helgoländer Falm aber schweift zwanzig bis dreißig Seemeilen weit in die Runde. Das Auge des Helgoländers mußte ungleich größere Entfernungen überbrücken, als der Bauer oder gar der Großstädter auf dem Festlande. Den Helgoländer Fischern wuchsen deshalb Adleraugen. Ihre Sehschärfe übertrifft die normale oft um das doppelte, nicht selten um das dreifache. Sie erkennen die Schiffstypen sehr rasch, kaum wachsen die Mastspitzen über den Horizont.
Die Blauäugigen und die Grauäugigen überwiegen. Bis in das hohe Alter behält die Iris dieser Augen ihre volle Klarheit und

Leuchtkraft. Der Blick ist stark, hell und durchdringend, auch bei den Frauen und Mädchen.
Beide Geschlechter sind lebhaften Geistes, ohne wortreich zu sein. Was sie jedoch sprechen, ganz gleich ob in ihrer Inselsprache oder auf hochdeutsch, ist voller Anschaulichkeit, treffsicher, bilderreich, präzise und oft humorvoll. Die jüngeren Helgoländer sind beweglich und verraten in ihren Gesten mehr Temperament noch als in ihren Worten.
An den langen Winterabenden haben die Inselbewohner reichlich Zeit, um nachzudenken. Deshalb wirkt, was sie sagen, oft hintergründig und gedankenschwer, während die persönlichen Gefühle verborgen oder instinktsicher umschrieben werden. Die Abgeschiedenheit der Insel und die Gleichartigkeit der Interessen macht die Helgoländer gesellig und trinkfest.
Erst im vorgeschrittenen Alter werden die Männer schweigsam. Ihre Haltung wird dann statuarisch, bleibt aber immer kraftvoll, oft sogar imponierend. Man trifft in den Dörfern auf dem Festland selten auf eine so große Zahl von Charakterköpfen. Das gilt für das Profil, für den Gesichtsschnitt, für die buschigen Augenbrauen, die schlohweißen starken Bärte, ja es gilt für den ganzen Habitus.
Das Zusammenleben auf engem Raum, die Arbeit im gleichen Boot, am gleichen Netz, am gleichen Strand, ohne räumliche Trennung auch der Wohnungen, die wie Bienenwaben ineinander verschachtelt sind, hebt die Gemeinschaftlichkeit des Denkens, fördert den Sinn für das Team, für die Mannschaft, für die Genossenschaft.
Auch an Land bleiben die Fischer Angehörige der gleichen Mannschaft.

Immer sind sie Gleiche unter Gleichen. Auch relativer Wohlstand einzelner gefährdet nur im Ausnahmefall diese von Generationen her überlieferte Gemeinschaftlichkeit.
Die Gemeinde der Inselbewohner ist ein Begriff für Zusammenarbeit in gegenseitiger Hilfe. Das gilt für die gemeinsamen Dienste beim Ausbooten, der Börte, bei der Dünenfähre, beim Kampf gegen die Flut. Dieser gute Geist hat sich trotz gelegentlicher Spannungen und Meinungsverschiedenheiten während der Verpflanzung auf das Festland bewahrt und bestätigte sich auch beim Wiederaufbau.
Wer lebendige Zeugnisse dieses Gemeinschaftsgeistes studieren will, lese die »Helgoland«-Zeitschrift der »Halluner Moats«, die während der Zerstreuung erschienen ist und den Zusammenhalt der über Schleswig-Holstein, Niedersachsen und Hamburg verteilten Gruppen pflegte. Es gibt kaum ein anderes Druckerzeugnis in hochdeutscher oder mundartlicher Sprache, das, von einer so kleinen Gruppe hervorgebracht, dennoch eine annähernd gleiche Lebendigkeit und einen gleichen Reichtum der Ideen widerspiegelte wie diese Zeitschrift.
Wenn 2000 Menschen auf einer Fläche von knapp zwei Quadratkilometern an einen einzigen Ort gebunden sind, Tag für Tag, sommers und winters, so kann diese Nähe unbarmherzig werden. Oder man muß ganz eingelebt sein. Nur der wirklich Eingelebte bleibt vor dem »Inselkoller« bewahrt, der manchen Neuling befällt. Denn da ist neben dem Ort Helgoland kein anderer. Wer die Insel nicht als seine Welt erlebt, findet das Neue oder Andere, das er sucht, erst jenseits des Horizonts. Der Eingeborene hat alles, was er braucht.

Ist Not am Mann, so hilft einer dem anderen. Sind schwere Lasten zu tragen, so verteilen sie sich ungezwungen auch auf die Schultern der Nachbarn. Wer sein Haus reparieren muß, findet hierbei Helfer. Immer ist der Nachbar gegenwärtig: auf der Hochzeit, bei der Kindtaufe, bei der Beisetzung. Einer trägt die Toten des anderen mit zu Grabe. Das ist ein Ehrendienst.

Auch die Helgoländer Frauen sind lebhafteren Geistes als die Mehrzahl ihrer Geschlechtsgenossinnen in den Dörfern des Festlandes. Da sich alle von Kindesbeinen an kennen – nur die Evakuierung in beiden Weltkriegen unterbrach dieses enge Verhältnis –, gibt es zwischen Freunden, Moats und Ehepartnern wenig Illusionen und kaum Enttäuschungen. Es sei denn, die Fremden stifteten Unruhe. Oder eine Tochter der Insel heiratet aufs Festland, oder ein Insulaner holt seine Frau von drüben. Das kann gut gehen oder auch nicht.

Ein so lebhafter Fremdenverkehr, wie ihn Helgoland vor dem zweiten Weltkrieg entwickelt hat, wirkt wohl auch gelegentlich demoralisierend. Früher war jedoch die Sittenstrenge auf Helgoland sprichwörtlich. Daß einer sein Mädchen »sitzenließ«, war undenkbar.

Als ein Fremder eine Einheimische verführt hatte, ohne sie zu heiraten, fand sich kein Schiffer, der den Schubjack in seinem Boot zur Küste zurückbrachte. Er mußte bleiben und wurde nicht entlassen, bis er die Ehre des Mädchens wiederhergestellt hatte.

Die Haut der Mädchen von Helgoland ist wie Milch und Honig. Lippen und Brauen bedürfen keines make-up. Die Freundlichkeit der Helgoländerin ist gewinnend. Ihre Haltung ist anmutig und würdig.

Benno Eide Siebs schreibt in dem schönen Buch »Helgoland und die Helgoländer«, das er gemeinsam mit Erich Wohlenberg 1953 bei Ferdinand Hirt in Kiel erscheinen ließ, über die Helgoländer:

»Der Helgoländer denkt scharf. Er ist ausgesprochen witzig und spottlustig. Er ist nie um eine Antwort verlegen, stets sicher und dabei schalkhaft schlagfertig. Auf die Frage eines Fremden, ob ein an der Landungsbrücke liegendes Boot nach der Düne fahre, antwortete der Brückenwärter: ›Nein, das Boot frühstückt.‹«

Ein anderer Badegast erhielt, wie Lindemann zu berichten weiß, bei der Überfahrt nach der Düne auf die Frage, was das T. G. (Telegraf) an einer Boje bedeute, von dem Steuermann die anzügliche Antwort: »Das heißt Trinkgeld.«

An anderer Stelle schreibt Siebs: »Als eine Folge der guten Urteilsfähigkeit des Helgoländers ist seine liberale und loyale Weltanschauung zu betrachten. Wenn er sich auch nicht gänzlich vom Aberglauben und gelegentlichen falschen Vorstellungen über das Welt- und Erdgeschehen freihält, so hat er doch, nicht zuletzt infolge seiner meist großen, in seinem starken Wissensdurst begründeten Belesenheit, ein ruhiges nüchternes Urteil über seine Umwelt und zeigt sich demgemäß politisch und kirchlich duldsam. Anders allerdings, wenn es um seine und seiner Insel Lebensfragen geht. Dann kann der Helgoländer seinen Standpunkt Dritten gegenüber bis zum äußersten verteidigen.«

Diese Hartnäckigkeit haben die Helgoländer immer wieder an den Tag gelegt, auch wenn es um Uferschutzbauten und um Wasserbauten auf der Düne ging.

Die Zahl der Helgoländer

Zwar hat die Zahl der Helgoländer immer wieder geschwankt, doch haben sich diese Schwankungen in den letzten vierhundert Jahren innerhalb der gleichen Größenordnungen vollzogen. Schon 1560 wird die Bevölkerungsziffer mit 2000 Seelen angegeben. 1962 war diese Zahl nicht größer, sofern man von dem zeitweilig starken Zugang von Saisonarbeitern absah. Auch die Durchführung von Hafenbauvorhaben mit Hilfe zahlreicher Facharbeiter aus den Hafenstädten hat in den letzten Jahrzehnten wiederholt das Bild verfälscht.

Immer wieder gab es auf der Insel irreguläre Menschenansammlungen. Sie waren zeit- oder kriegsbedingt. Ein Beispiel wurde schon an anderer Stelle erwähnt, als der Herzog Wilhelm von Braunschweig mit fünfzehnhundert Mann auf der Insel gelandet war, um sich dem Zugriff Napoleons zu entziehen.

Während des Krimkrieges konzentrierten auch die Engländer, als sie noch Herren der Insel waren, einige Tausend Rekruten auf der Insel.

Auch die Friedens- oder Kriegsbesatzung der Festung Helgoland kann bei der Bezifferung des Inselvolkes nicht gerechnet werden, selbst dann nicht, wenn für einen Teil des Stammpersonals Helgoland für Jahre zum Wohnsitz wurde.

Um 1615 war die Bevölkerungsziffer besonders stark abgesunken. Es behaupteten sich nur wenige hundert. Ihre Zahl stieg bis 1696 auf 960 an. Sie hob sich bis 1739 auf 1900 und erreichte 1751 die Zweitausendergrenze. Vierzig Jahre später, 1791, war sie erneut auf 1650 abgesunken, die sich auf 430 Familien verteilten. Seit 1800 wird die Bevölkerungsziffer wieder mit rund 2000 angegeben. Heute leben auf der Insel 2500 Helgoländer.

Größere Verluste traten durch die Pest, Blattern, Ruhr und Cholera ein, obgleich das Dorf oder die Stadt Helgoland von Seuchen und Epidemien sehr viel seltener heimgesucht wurde als die angeblich zivilisierteren großen Städte auf dem Festlande.

Da die Trinkwasserversorgung auf der Insel durch in Zisternen gesammeltes Regenwasser erfolgte, konnte auch keine Verseuchung durch schlechte Wasserleitungen oder durch unhygienische Kanalisation eintreten. Gelegentliche Einschleppung von Seuchen durch Schiffsmannschaften hingegen war unvermeidlich, da Helgoland ohne Schiffahrt nicht leben kann.

Die Wiederauffüllung der Bevölkerungsverluste, vor allem infolge mörderischer Pestseuchen, mag besonders stark durch Einheiraten vom Festland erfolgt sein. Die jungen Helgoländer werden, soweit sie vom schwarzen Tod verschont geblieben waren und keine Ehepartnerinnen auf der Insel mehr fanden, Frauen von der Küste genommen haben. Auch werden die Helgoländer Schiffseigner fehlende Mannschaften für ihre Schniggen in Husum, Glückstadt oder Hamburg angeheuert haben, die wohl auf der Insel Fuß faßten und in Fischer- und Schifferfamilien einheirateten.

Helgoländer Namen

Aus den Kirchenbüchern ergibt sich, daß Namen, die in den Küstenlandschaften, nicht nur in Friesland, verbreitet waren, plötzlich auch in den Helgoländer Verzeichnissen auftauchten.

Viele der Helgoländer Namen klingen auch heute charakteristisch. Das gilt für die Vornamen wie für die Familiennamen, nicht minder für die auf Helgoland gebräuchlichen Zwischennamen. Neben den christlichen Namen, darunter dem des Schutzpatrons der Fischer, Peter, behaupten sich stark die germanisch-friesischen Namen. Sie alle werden durch Koseformen lebhaft abgewandelt. Hier einige der typischen weiblichen Vornamen: Acken, Amcke, Daik, Emcke, Gündelke, Mahntje, Mallene, Mamcke, Maike, Mienke, Moderke, Nummen, Osche (Ose), Peerke, Sönnecke, Tulcke, Tütje, Wentje.

Aus der Vielzahl der Familiennamen greifen wir gleichfalls einige heraus: Barts, Daniels, Eilers, Volquarts, Fruddens, Johns, Lührs, Nickels, Nummels, Oelrichs, Reimers, Rickmers, Siebges und Siemens. Dazu die Claußens, Lassens, Clasens, Lorenzens und Thomsens. Ferner die Aeuckens, Boeyens, Hamkens und Denkers.

Etliche Namen beweisen, daß ihre Träger oder deren Ahnherren aus Eiderstedt, dem Lande Hadeln, aus Holland oder von den Küstenlandschaften des niederdeutschen Festlandes gezugezogen sind. Dieser Zuzug war als Blutauffrischung geboten, nicht allein um Verluste durch Seuchen oder Schiffbruch auszugleichen, sondern auch um die nicht selten drohende Gefahr der Inzucht aufzuhalten und abzuwenden.

Die Helgoländer Trachten

Es liegt nahe, daß die Trachten der Frauen ansehnlicher, reicher und farbenfroher gerieten als die der Männer. An Bord der Fischerboote waren Schmuck- oder Zierkleider zwangsläufig verpönt. Was man an Bord trug, mußte zweckmäßig sein. Eine besondere Tracht der Männer für den Aufenthalt an Land gab es nicht. So trugen die Männer einen Rock mit kurzer Taille, kurze weite Hosen, um so längere Seestiefel, ein Futterhemd und einen knapp sitzenden Hut, den Spint, eine Art krempenlosen kleinen Zylinder.
Nachgeblieben sind von dieser Männertracht wenige Exemplare einer Kappe mit einer gewürfelten Borte und der an der Küste allgemein übliche Südwester. Im übrigen hat der Pullover als Kleidungsstück für den Schiffer alles andere verdrängt. Daneben blieben die großmächtigen Seestiefel. In ihnen hatten die Schiffer während der Kontinentalsperre ungeniert Kaffee und Zucker nach Hamburg hineingeschmuggelt.
Die Tracht der Helgoländer Frauen zählt nach Siebs »zu den schönsten aller deutschen Volkstrachten«. Sie machte im Laufe der letzten drei Jahrhunderte allerdings starke Wandlungen durch. Sie wurde leichter, farbenfreudiger und wohl auch einfacher. Die heutigen Reste stellen nur noch einen Abglanz einstmaliger Pracht dar.
Schon auf der Helgoland-Karte des Johannes Mejer von Husum ist eine weibliche Staffagefigur wiedergegeben. Sie trägt eine eindrucksvolle Flügelhaube, deren Kopfteil sich dem Scheitel anschmiegt, während die beiden Flügel von einem verborgenen Drahtgestell gestützt werden. Dazu trug

die Helgoländerin jener Zeit ein eng anliegendes ärmelloses Kleid, genannt »Paik«, und ein Futterhemd, unter dem oft ein sogenannter »Kropflappen« hervorlugte, der aus Kamlott, Zitz oder reiner Seide bestand. Machten die Helgoländerinnen bei ihren Nachbarinnen Besuche, so banden sie ein Schurztuch um, in das sie bei Wind und Wetter ihren Kopf bergen konnten. Zu einem faltenreichen Überrock wurde ein Gürtel getragen, der mit Silber beschlagen und mit Halbedelsteinen geschmückt war.
An die Stelle der steifen und bei rauhem Wind nicht gerade zweckmäßigen Flügelhauben trat später die leichtere Helgoländer Spitzenhaube. Bräute trugen eine festliche Krone aus bunten Seidenbändern. Gern schmückten die Frauen sich mit schönen, figurenreichen Hemdschnallen, kostbarer Silberschmiedearbeit, einem reichen Brustschmuck, den sogenannten »Hatjen«. Zu den Anhängern dieser Hatjen gehören Münzen, Nachbildungen von Engeln, vielerlei Seegetier, Lotsenmarken, Familienwappen und anderer klingender Zierrat.
Sehr düster war neben dieser farbigen Tracht der Frauen das feierliche und ernste Kleid der Witwen. Nur in wenigen Familien werden bis heute Hodskoluk, Paik und Hilnduk bewahrt und bei festlichen Anlässen zum Entzücken der Nachgeborenen getragen.

Die Helgoländer Passion

In einer kleinen Chronik, die Hartmuth Merleker für das Buch »Helgoland ruft« (Hamburg 1952) aufzeichnete, wird in lapidaren Sätzen die Passion der Insel beschrieben. Wir folgen im wesentlichen seiner Darstellung:

Am 18. April 1945 griffen tausend Bombenflugzeuge von 12 Uhr mittags 102 Minuten lang in mehreren Wellen Helgoland und die Düne an. Sie zerstörten die Stadt und die Festung vollkommen. Die Bevölkerung hatte zwanzig, die Besatzung hundert Tote zu beklagen. Die Zivilbevölkerung nahm in panischer Furcht Zuflucht in den Felsenbunkern. – Ab 20. April brachte man die Helgoländer zum Festland, wo sie in Cuxhaven, in Brunsbüttel und in Wedel an Land gingen, um schließlich auf hundert Zufluchtsorte verteilt zu werden.

Obgleich bald nach diesem schweren Angriff der Waffenstillstand begann, jedenfalls drüben auf dem Festland, brach für die menschenleere Insel eine neue Leidenszeit an.

Im August erklärte die Royal Navy, daß Helgoland nicht mehr Bestandteil des schleswig-holsteinischen Kreises Pinneberg sei, sondern der Navy direkt unterstellt werde. In den deutschen Zeitungen wird mitgeteilt, daß jede Hoffnung auf eine Rückführung der Helgoländer illusorisch sei. Die deutsche Öffentlichkeit fragte, was wird mit der Inselfestung geschehen, die so unbesiegbar erschien und doch bereits nach 9 Minuten verteidigungsunfähig war?

Am 12. Februar 1947 meldet sich eine Helgoländer Abordnung beim britischen Gouverneur in Kiel und bittet darum, die Insel Helgoland nicht zu zerstören.

Die Regierung von Schleswig-Holstein sucht einen Ausweg. Sie appelliert an die Vereinten Nationen, die Treuhänderschaft über die Insel zu übernehmen.
All diese Bemühungen beirren die Engländer nicht in ihrem Vorhaben, das, was an unterirdischen Festungsanlagen dem Bombenangriff vom 18. April 1945 standgehalten hat, noch in die Luft zu sprengen. Die Engländer haben es nicht vergessen, daß die nach dem ersten Weltkrieg unzerstört gebliebenen Teile der unterirdischen Festung nach 1933 rasch wieder freigelegt und erneut ausgebaut worden waren. Sie bereiten die neue Sprengung sehr sorgfältig vor.
Am 18. April 1947 liegt der britische Zerstörer »Lassoo« einige Seemeilen entfernt vor Helgoland. Von diesem Zerstörer aus wird über ein Zündkabel eine geballte Ladung von 6.700 to Munition in die Luft gejagt. Die Südspitze der Insel verwandelt sich in einen mächtigen Krater. Das alte Inselprofil ist an dieser Stelle nicht wiederzuerkennen. Dennoch blieben große Teile der Klippen im Südwesten, im Nordosten, die Nordspitze mit der »Langen Anna« erhalten. Dagegen versank der »Mönch« unter den Felstrümmern.
Helgoland, das Niemandsland, das verwüstete Felsenwrack, wird militärischer Übungsplatz: Bombenziel für die Royal Air Force.
Im Juli 1948 wählt der Pinneberger Kreistag trotz der Verfügung der Royal Navy, nach der Helgoland nicht mehr Bestandteil des schleswig-holsteinischen Kreises Pinneberg ist, einen Helgoland-Ausschuß, der ihn in Fragen der Insel beraten soll.
Am 12. Mai 1949 appellieren die in über hundertfünfzig Zufluchtsorte zerstreuten Helgoländer an die Welt, endlich den

Bombenwürfen der Royal Air Force Einhalt zu gebieten. Der Pinneberger Landrat Schinkel verhandelt vier Wochen in London, um das Schicksal Helgolands zu wenden.
Am 14. November debattiert das britische Unterhaus über Helgoland. Noch ändert sich nichts.
Wohl laufen bisweilen Helgoländer Fischer auf eigene Gefahr die verlassene Insel an, suchen die Ruinen ihrer einstigen Wohnstätten auf und bergen Halbzerstörtes.
Die Proteste gegen die Bombardements beginnen sich zu häufen. In den Zeitungen wird die Forderung erhoben, doch zumindest die Ruhe der Toten zu achten. Deshalb wird am 3. Mai 1950 vor dem Unterhaus in London mitgeteilt, daß der Friedhof, der nicht größer ist als ein preußischer Morgen – das sind 2500 qm – von den Bombenwürfen ausgespart werden soll. Ist das möglich? Die Helgoländer glauben nicht daran. Sie bangen weiter um ihre Toten. Sie geben nicht auf. Sie halten wie Pech und Schwefel zusammen.
Am 6. Mai versammeln sich tausend vertriebene Inselbewohner in Schulau-Wedel. Sie proklamieren ihr Recht auf die Inselheimat. Dennoch erklärt der britische Staatssekretär für die Luftfahrt, Crawley, daß die Royal Air Force auf das Bombenziel Helgoland nicht verzichten könne.
Am 31. Mai 1950 ersucht der Landtag die schleswig-holsteinische Regierung, mit der Vorbereitung des Wiederaufbaus der Insel zu beginnen, auch wenn vorerst mit einer Beendigung der Bombenwürfe nicht gerechnet wird.
Um für alle Fälle gerüstet zu sein, nicht zuletzt auch um den Zusammenhalt der zerstreuten Helgoländer zu festigen, richtet der Landkreis Pinneberg ein ständiges Büro für Helgoland-Angelegenheiten ein. Leiter dieses Büros wird

der Helgoländer Referendar Henry Peter *Rickmers,* der spätere Bürgermeister von Helgoland.
Am 19. Dezember beschließt der schleswig-holsteinische Landtag erneut: »Wir fordern die Freigabe der Insel, damit sie als Heimstätte von 2500 Menschen wiederaufgebaut werden kann.«

Problematischer Ruhm der Inselfestung

Um der Wahrheit die Ehre zu geben: Von Anbeginn an hat es unter den Helgoländern kritische Stimmen gegeben, die sich gegen den Festungsbau durch Kaiser Wilhelm II. äußerten. Bei den Befürwortern muß dahingestellt bleiben, was daran Opportunismus, was überzeugter Nationalismus oder was höhere Einsicht war. Daß der Festungsbau den Badebetrieb hindern würde, war nicht zu leugnen. Daß ohne den Festungsbau auch der wichtige Fischereischutzhafen nicht entstanden wäre, ist höchstwahrscheinlich. Daß die Regierung in Berlin und der Kaiser bemüht waren, die Helgoländer für Einbußen durch den Festungsbau zu entschädigen, steht fest. Um so verwirrender ist die Unklarheit über den militärischen Wert der Inselfestung. Über Kasematten, unterirdische Elektrizitätswerke, Höhlenmagazine, Massenunterkünfte, Lazaretteinrichtungen lief sagenhafte Mär um. Die sagenhafteste aber wurde über die gewaltige Kampfkraft der versenkbaren Geschütze verbreitet.
1926 veröffentlichte Willi *Norbert* zum hundertjährigen Jubiläum des Bades eine durchaus lesbare und historisch fundierte offizielle Schrift. Darin wird diese Problematik wie folgt umschrieben: »Wenn auch Helgoland in den Jahren bis 1914 keine schlechte Zeit hatte – seine Bedeutung als Kurort hatte nicht wenig zugunsten der Festung gelitten. Daß es als Bad damals trotzdem weiter gedieh und nicht zur Sehenswürdigkeit herabsank, verdankt es dem Wohlwollen der Regierung und des Kaisers. Beide waren sich bewußt, daß die Festung dem Bad Abbruch tat. So taten sie, was in ihrer Macht war, der Insel zu helfen.« Dann aber läßt Willi

Norbert, 1926, acht Jahre nach dem Untergang des Hohenzollernreiches, einen verhängnisvollen Satz folgen, der vor der Niederlage verständlich gewesen, in den Weimarer Jahren jedoch überflüssig, wenig klug, ja ganz einfach falsch war: »Vergessen wir auch nicht, daß der Weltruf, den Helgoland als unüberwindliche Festung genoß, viel dazu beitrug, seinen Namen weithin zu verkünden.«

Seinen Ruf verdankt Helgoland der einzigartigen Schönheit seiner Felsen, nicht aber seinen Batterien und Kasematten. Die Zeche für diese Mißverständnisse hat Helgoland später zahlen müssen. Offenbar haben auch die Engländer Helgoland für stärker gehalten, als es tatsächlich war. Es gehört wohl zur psychologischen Kriegsführung, den Gegner eine Stärke glauben zu machen, die man gar nicht besitzt. Dieses Potential aber wollten die Engländer, ehe die NATO entstand, gründlich aus dem Weg räumen. Das ist geschehen.

Die geschichtlichen Hinweise wären in einem entscheidenden Punkte unvollständig, würde nicht dem Wahne von der Stärke Helgolands die sehr viel bescheidenere Wirklichkeit entgegengestellt werden. Auf sie kam Hartmuth *Merleker* im Septemberheft 1956 des Mitteilungsblattes der Halluner Moats, »Helgoland«, in seiner sehr verdienstvollen »Kleinen Anleitung für vernünftige Berichterstattung« zu sprechen. Darin zog er herzhaft gegen den »meistverbreiteten Unsinn über Helgoland« vom Leder. »Über die Geschützarmierung der Festung in den beiden Weltkriegen kursieren die abenteuerlichsten Ziffern. Die Wahrheit sieht ganz anders aus! 1914-18 hatte Helgoland an schwerer Artillerie acht moderne Langrohrgeschütze von 30,5 cm Kaliber, also vier weniger als ein einziges Großlinienschiff der Helgoland-Klasse. Weiter

besaß es acht ganz alte 28 cm-Haubitzen. Diese sechzehn Geschütze zusammen waren keinem einzigen britischen Dreadnought der Malaya-Klasse gewachsen. Was an mittlerer Artillerie und kleineren Kalibern auf der Insel vorhanden war, hätte kaum zur Bestückung dreier kleiner Kreuzer gereicht. 1939-45 gab es nur noch drei Langrohrkanonen von 30,5 cm, dann allerdings viel Flak aller Größen, mit der vier Flakkreuzer zu bestücken gewesen wären. Die alten 17er Geschütze waren vollkommen gefechtsuntüchtig.«
Auch über die Besatzungsstärke macht dieser Helgoland-Experte interessante Angaben: »1914-18 hatte die von der Bevölkerung sofort geräumte Insel gegen 6000 Mann Besatzung. 1939-45 war die Besatzung der von der Bevölkerung nicht geräumten Insel wesentlich niedriger. Sie betrug nur 2000 Mann, zusätzlich waren jedoch Kriegsgefangene beschäftigt. In keinem der beiden Kriege trat die Insel, von der Flak abgesehen, ernsthaft ins Gefecht.«
Wohl dürfte es nicht zu bestreiten sein, daß eine in den Felsen eingehauene Festung schon dann einen Teil ihres Zwecks erfüllt, wenn sie den Gegner fernhält. Besonders dadurch fernhält, daß jeder Angreifer weiß, daß ein Fels unversenkbar ist. Es gibt daher Militärs, die davor warnen, die Wirksamkeit Helgolands in jenen Tagen zu unterschätzen.
Weil Helgoland von den Westalliierten auch nach 1945 noch erheblich überschätzt und immer noch gefürchtet wurde, kam es 1949 in München zu jener Presseerklärung des Generals *Robertson,* der die Festung Helgoland als eine Gefährdung Europas bezeichnete. Das gab dem Helgoländer Sprecher James *Krüss* Anlaß, im Hamburger Abendblatt vom 2. August 1949 einen Offenen Brief an den britischen General

zu richten, der in seiner leidenschaftlichen Sprache ein historisches Dokument geworden ist. Dieser Offene Brief war mehr als ein Protest. Er enthielt gleichzeitig einen nüchternen Vorschlag:

»Wir Helgoländer würden es dankbar begrüßen, wenn über das Verbot militärischer Anlagen auf unserer Insel eine internationale Abmachung getroffen würde.« Und dann stellte er fest, was viele seiner Mitbürger immer wieder ausgesprochen hatten, solange sie (vor 1933) noch frei und ungefährdet sprechen konnten: »Denn der überwiegende Teil der Inselbewohner hat den Ausbau des Eilandes zur Festung mißbilligt, weil dadurch die alten Erwerbsquellen der Helgoländer verringert wurden.«

Krüss schloß seinen Appell des gesunden Menschenverstandes mit den maßvollen Worten: »Ich bin überzeugt, daß es auch andere Wege als den der Zerstörung gibt, um den Mißbrauch einer Insel zu kriegerischen Zwecken zu verhüten, einer Insel, deren Wert für die Schiffahrt, für die Wissenschaft und für die Erholung Tausender Kranker auch Sie, Herr General werden bestätigen müssen! Wo ein Wille ist, ist auch ein Weg! Wege gibt es . . . « Wenn Helgoland mit seinen 2000 bis 3000 Einwohnern auch nicht volkreicher ist als ein größeres Dorf, so war dies doch ein Ton, der alle aufhorchen ließ. Die Helgoländer wußten offenbar auf internationalem Forum das Wort zu führen! Sie waren durch das Schicksal hart geschlagen worden, vertraten ihre Sache dafür aber um so mannhafter und eindrucksvoller.

In diese Aktionen fügt sich nun die mutige Unternehmung zweier Heidelberger Studenten ein, deren Namen Georg von *Hatzfeld* und René *Leudesdorff* sind. Diese beiden Studenten beschließen, mit einem Boot nach Helgoland überzusetzen und den Bombenwürfen der Royal Air Force mit dieser Demonstration zu trotzen.

Die »Invasion« der Zwanzigjährigen

Ehe Hatzfeld und Leudesdorff Cuxhaven am 20. Dezember 1950 verlassen, haben sie in Heidelberg, in Hamburg, in Pinneberg und in Cuxhaven viele Gespräche geführt. Sie suchten für ihr Vorhaben Hilfe, Zuspruch, Ermutigung, Unterstützung und wohl auch ein wenig Rückendeckung.
Auch mich, den Verfasser dieses Helgoland-Buches, suchten sie im Dezember 1950 im Hamburger Rathaus auf. Sie machten mich zum Mitwisser ihrer Vorbereitungen und vertrauten mir an, daß sie häufiger auf Abweisung als auf Zuspruch gestoßen seien.
Ja, man hatte die Studenten sehr ernsthaft davor gewarnt, »dem Gang der offiziellen Verhandlungen vorzugreifen«. Es sei bedenklich, die Engländer zu reizen, sie zu verärgern und so die Aussichten für eine Freigabe Helgolands zu gefährden und zu verbauen. Ihr Einwand war: »Aber es geschieht nichts!«
»Ist das, was wir planen durchführbar?« fragten die beiden sympathischen und ernsten jungen Männer auch mich. Sie erweckten alles andere als den Eindruck nationalistischer Scharfmacher. Sie ereiferten sich wohl: »Der Krieg ist vorbei! Man soll endlich aufhören, auf diese Insel Sprengbomben zu werfen! Es gibt andere, unbewohnbare Ziele, nackte Felsen etwa, wie die, die zur Orkney-Gruppe gehören!«
Aber sie fragten mich auch: »Was werden die Engländer tun? Wie werden sie reagieren, wenn wir die Insel betreten und auf Helgoland bleiben? Werden sie das Bombardement fortsetzen? Werden sie uns mit Gewalt herunterholen?«
Nein, das waren keine blinden Draufgänger.

Die alte Helgoländer Kirche *Stahlstich von C. M. Laeisz / J. Gray*

Hotel »Queen of England«

Der Leuchtturm

Hotel »Stadt London«

Das »Pferd«

Stahlstiche von C. M. Laeisz / J. Gray

Das Unterland

Das Conversationshaus

Das Oberland

Der Landungsplatz

Stahlstiche von C. M. Laeisz / J. Gray

Helgoland in Sicht. Auf dem Dampfschiff »Cobra«.

Ein- und Ausbooten an der Promenadebrücke

Das Conversationshaus

Die »Lange Anna«

Fotos: Wilhelm Dreesen, 1895

Helgoland bei schwerer See

Foto: F. Schensky

Beide Studenten, der Theologe Leudesdorff wie der Volkswirt von Hatzfeld, waren nachdenkliche junge Intellektuelle, die vor der Tat und vor dem Wagnis eine sehr nüchterne Erfolgsrechnung aufmachten. Sie fragten immer wieder sich selber und auch andere, denen sie vertrauten, nach dem Sinn und nach den Aussichten ihrer »Invasion«. Sie wollten weder eine nationalistische Demonstration, noch wollten sie einen Dummejungenstreich vollbringen. *Wenn* es sich lohnte, und *lohnen sollte es sich,* wollten sie das Risiko von Bombenwürfen ebenso auf sich nehmen wie den Zorn der Offiziellen, deren Proteste bislang fruchtlos geblieben waren.

Die Ereignisse haben ihnen recht gegeben. Von der ersten Stunde ihres Wagnisses an verfolgten einige Zeitungen die geplante Invasion mit Sympathie, andere fanden zunächst nur Worte des Spottes. Auch in unserem Gespräch im Hamburger Rathaus kam nicht mehr heraus als die nüchterne Feststellung: »Die Engländer sind nicht unfair. Sie denken sportlich. Konkrete Hilfe kann von deutscher Seite nicht versprochen werden. Das Risiko muß getragen werden. Vielleicht geht es gut.«

Es ging gut.

Hatzfeld erinnerte sich eines Ratschlages, den ich ihm und Leudesdorff im Hamburger Rathaus gegeben hatte und den sie befolgten. Ich hatte ihnen empfohlen, nach Pinneberg zu fahren und dort mit dem Landrat und mit den Helgoländern selber Fühlung zu nehmen.

Das taten sie. Dabei kam es zu ihrem ersten Kontakt mit H. P. *Rickmers,* dem heutigen Helgoländer Bürgermeister, der sie beide an seinen Bruder *Hans Karl Rickmers* in Cuxhaven verwies.

Am 19. Dezember 1950 sind Leudesdorff und Hatzfeld in Cuxhaven. Sie erblicken zum ersten Male das Meer. Es gelingt ihnen, das Motorboot »Paula« zu chartern, mit dem sie Mittwoch früh, am 20. Dezember, notdürftig verproviantiert, starten. Es ist Windstärke 8. Bei Regen, Schneetreiben und rauher See nimmt die »Paula« Kurs auf Helgoland.
Es wird eine ungemütliche Reise. Die »Paula« hat Maschinenschaden, so daß Helgoland erst am Nachmittag in Sicht kommt. Gegen 16 Uhr gehen die Studenten und ihre Begleiter an Land.
Der Leiter einer routinemäßigen englischen Luftwaffeninspektion fordert die deutschen Neuankömmlinge auf, die Insel so schnell wie möglich wieder zu verlassen, da ab 19.00 Uhr erneut bombardiert werde. Die Studenten haben sich als Journalisten ausgeben. Die Engländer schütteln über sie die Köpfe, lassen sie jedoch gewähren. Hatzfeld berichtet:
»Der erste Eindruck von Helgoland ist gespenstisch . . . Wir sind über Geröll zum Oberland hinaufgeklettert und haben – Gott sei Dank! – im Flakbunker eine Unterkunft gefunden. Wieviele Bomben mögen auf die Insel gefallen sein? . . . Trotzdem steht der Flakturm noch . . . Kein Zweifel bedrängt uns mehr, weshalb wir hierher gefahren sind. Wir wollen ein Signal geben für alle jungen Deutschen und Europäer, an alle gerichtet, die mit uns erkennen, daß mit dem Krieg und jeder Art von Gewaltanwendung Schluß gemacht werden muß. Damit endlich Frieden wird.«

Das ist ein Protest gegen die Verlängerung von Kriegs- und Gewaltmethoden, reinem Idealismus entsprungen, eine De-

monstration, die sich im Glauben an eine neue friedliche Weltordnung des Prinzips der Gewaltlosigkeit bedient, voller Hoffnung auf die Wirksamkeit eines nach dem Sittengesetz reagierenden neuen Weltgewissens.
Bei starkem, böigem Wind hissen die Studenten auf der Insel die schwarz-rot-goldene Flagge der jungen Bundesrepublik, dazu setzen sie als Zeichen ihres Glaubens und ihrer Hoffnung die weiß-grüne Fahne des neuen Europa. Damit annullieren sie symbolisch die von England verfügte Loslösung Helgolands aus dem deutschen Staatsverband. Aus dem Symbol soll später Wirklichkeit werden.
Hatzfeld schreibt: »Aber noch wissen wir nicht, ob unsere Aktion auf dem Festland und in der Welt irgendein Echo finden wird. Wie können wir Laut geben und uns verständlich machen, wenn rund um uns nichts ist als Nebel, Sturm, Kälte und Wasser?«
»Um 19.00 Uhr horchen wir auf Propellerlärm. Wir warten auf die von dem englischen General angekündigten Bombenabwürfe. Aber kein Flugzeug nähert sich. Da ahnen wir schon, daß der Erfolg auf unserer Seite ist. Doch haben wir zu dieser Stunde keine Vorstellung davon, welchen Wirbel unsere Aktion auslösen sollte.«
Trotz des starken Echos auf dem Festlande, das diese »friedliche Besetzung« gefunden hat, muß doch noch eine ganze Woche vergehen, ehe die Öffentlichkeit begreift, was sich auf Helgoland wirklich ereignet. Jetzt kommen immer mehr Leute zur Insel (darunter auch einige fragwürdige). Der Bund europäischer Jugend mit seinem Vorsitzenden Friedrich von Friedeburg schließt sich dem Unternehmen an, die Universitäten setzen Abordnungen in Bewegung. Silvester

sind fast fünfzig Personen auf der Insel. Zur Mitternacht brennt auf dem Turm ein Feuer aus Holz und Benzin. »Feuer auf See ist ein Notzeichen – Helgoland ist wie ein gestrandetes Schiff«. Hatzfeld berichtet weiter:

»Trotz englischen Verbots und trotz englischer Befehle an die deutsche Polizei, weitere Überfahrten zu verhindern, entwickelt sich ein lebhafter Kutterverkehr zwischen dem Festland und der Insel. Deutsche Polizisten nehmen ankommende Demonstranten gleich auf dem Cuxhavener Bahnhof in Empfang und tragen ihnen das Gepäck zum Hafen. Sie lächeln doppelsinnig: ›Da Ihr ja nicht etwa nach Helgoland, sondern nach Büsum fahren wollt!‹«

In Cuxhaven hat sich spontan ein Hilfswerk gebildet, das die Versorgung der Insel übernimmt. Spenden aus ganz Deutschland laufen ein. Einige der nach Cuxhaven verschlagenen Helgoländer sind unermüdlich in der Organisation. Auch das Verhalten der mit unserer Aktion befaßten deutschen Dienststellen ist vorbildlich. Selten hat die Aufforderung zu passivem Widerstand ein so wirkungsvolles Echo gefunden. Einige Beispiele: Der Cuxhavener Zoll erklärt auf Befragen des Oberfinanzpräsidenten *Münch* in Hamburg: »Da es auf Helgoland keine zollpflichtigen Waren gibt, können wir von uns aus nicht eingreifen.« Die Wasserschutzpolizei in Cuxhaven stellt fest: »Wir sind niedersächsisch. Helgoland gehört zu Schleswig-Holstein.« Und sie unternimmt nichts.

Auch Innenminister *Pagel* in Kiel erklärt: »Wir können gegen diese Invasion nichts machen; denn uns stehen keine seetüchtigen Schiffe zur Verfügung. Alle seetüchtigen Schiffe sind doch beschlagnahmt.«

Boote, die mit deutscher Mannschaft unter englischem Befehl fahren, erleiden, sobald sie die Weisung bekommen, die Studenten von der Insel herunterzuholen, plötzlich Maschinenschaden oder laufen auf.

Auch eines der in Deutschland so seltenen Beispiele von Befehlsverweigerung ereignet sich: Als der Kommandant der den Engländern unterstellten deutschen Minensucheinheiten in der Nordsee, Fregattenkapitän Adalbert *von Blanc*, den Befehl zur Evakuierung der Inselbesatzung erhält, verweigert er den Gehorsam mit der Begründung, daß er in Nürnberg gelernt habe, daß man Befehlen nur dann gehorchen solle, wenn man sie mit seinem Gewissen vereinbaren könne. – Er habe Minen zu räumen, aber keine Polizeiaktionen durchzuführen. Daß es sich dabei nicht um eine popularitätshaschende Antwort handelte, ersieht man aus dem weiteren Schicksal des mutigen Offiziers. Von Blanc wurde entlassen, vor ein Kriegsgericht gestellt (das ihn fairerweise freisprach) und erst später wieder eingestellt. Heute ist er Vizeadmiral der Bundesmarine.

Erst am 3. Januar gelang es einem bewaffneten englischen Kommando, Helgoland anzulaufen und die Demonstranten unter Androhung von Gewalt von der Insel herunterzuholen. Diese ließen keinen Zweifel, daß sie im Falle neuer Bombardierungen die Insel immer wieder mit so vielen in- und ausländischen Studenten besetzen würden, daß die Helgolandfrage vor der internationalen Öffentlichkeit nicht mehr zur Ruhe kommen werde. Als Mitte Januar tatsächlich wieder Bomben fielen, begannen die Vorbereitungen zu einer neuen Invasion, diesmal ohne alle Geheimhaltung. Hatzfeld schreibt hierüber: »Es bestand die Absicht, die Engländer auf

diese Weise nervös zu machen. Das gelang in vollem Maße«. Anfang Februar wurden sogar Truppen nach Cuxhaven verlegt.
Nun richteten die Studenten einen Aufruf an ihre europäischen Kommilitonen, mit ihnen auf die Insel zu fahren. Immer mehr Menschen nahmen sich des Schicksals der Insel an. In Norddeutschland entstand eine Art Volksbewegung für Helgoland. Die beteiligten Kreise schlossen sich in der »Aktion Helgoland« zusammen. Auch die Halluner Moats selbst beschlossen, im Frühjahr in ihre Heimat zurückzukehren, »ganz gleich, ob bis dahin noch Bomben fallen oder nicht«. Mitte Februar kündigte die Aktion Helgoland in Cuxhaven für die nächsten acht bis zehn Tage die Wiederbesetzung der Insel an. Ehe aber weitere Entscheidungen fielen, kam es zu neuen Verhandlungen mit den zuständigen Stellen. Der Besatzungsmacht dämmerte, daß die Insel auf die Dauer für sie nicht mehr zu halten war, sie suchte nach einer Möglichkeit, Helgoland unter Wahrung ihres Gesichtes an Deutschland zurückzugeben. Vertreter der Helgoländer und der Aktion, darunter H. P. Rickmers und René Leudesdorff, wurden nach Kiel gerufen und vom schleswig-holsteinischen Ministerpräsidenten *Bartram* sowie vom britischen Landeskommissar Brigadier *Hume* empfangen. Auch der niedersächsische Ministerpräsident Kopf schaltete sich auf englische Initiative ein und bat den Vorsitzenden der Aktion Helgoland und Georg von Hatzfeld, zusammen mit dem Landrat des Kreises Hadeln, *von der Wense,* nach Hannover zu kommen.
Der Landrat von Hadeln hatte zwei Wochen zuvor die Bauern und Einzelhandelsverbände seines Kreises aufge-

rufen, die geplante neue Invasion mit Lebensmitteln und Ausrüstungsgegenständen zu unterstützen und trotz englischen Verbots die Organisation dieser Sammlung selbst übernommen. Das war für die damaligen Verhältnisse ein fast revolutionärer Akt, der ihn Amt und Würden hätte kosten können. Aber die geplante neue Invasion wurde nicht mehr notwendig. Hinrich Kopf war zu der Erklärung ermächtigt, daß ein deutsch-englischer Vertrag unmittelbar vor dem Abschluß stehe. Dieses Abkommen wurde schon am 26. Februar in Bonn veröffentlicht. Es bestimmte, daß Helgoland freigegeben werde, sobald ein Ersatzziel zur Verfügung stehe, spätestens aber am 1. März 1952.

Helgoland wird frei

Die Würfel waren gefallen. Am 11. April gaben elf Ministerpräsidenten und Bürgermeister der Bundesländer bekannt, daß die Länder ein Kuratorium bilden wollten. Dieses Kuratorium rief die Bevölkerung Deutschlands zu einer Wiederaufbauspende auf. Schon nahmen die Pläne für den Wiederaufbau Gestalt an. Ein Helgoland-Wettbewerb wurde ausgeschrieben und am 1. Dezember 1951 veröffentlicht. Drei Wochen später, am 21. und 22. Dezember, bereisten 250 Architekten in fünf von der Regierung zur Verfügung gestellten Schiffen die Insel, um die künftigen Bauplätze zu studieren.

Am 1. März 1952 fuhren nach Aufhebung des britischen Verbots, die Insel zu betreten, frühmorgens um 6.30 Uhr von Büsum aus drei Regierungsfahrzeuge nach Helgoland. An Bord befanden sich der schleswig-holsteinische Ministerpräsident *Lübke,* Vertreter Hamburgs, Niedersachsens, Bremens und Angehörige des Helgoland-Ausschusses.

Um 12.25 Uhr übergab Lübke dem Vorsitzenden des Helgoland-Ausschusses, Hans *Heisecke,* die Insel. Wieder wehten die Fahnen des Bundes, schwarz-rot-gold, die blau-weißrote Trikolore Schleswig-Holsteins, die Insel-Flagge, grünrot-weiß, und die Fahne des kommenden Europa über der Insel.

Wir, die wir an dieser Feier mit Ergriffenheit teilgenommen hatten, bahnten uns nun den Weg durch Trümmerschutt und Ruinen.

Helgoland war wieder frei. Der Leib der Insel zeigte unverhüllt seine Wunden.

Die wenigen Einheimischen und einige Polizeibeamte warnten uns, vom Pfade abzuweichen: »Die Insel ist übersät von Blindgängern.«

Keiner von uns hatte in jener Stunde Phantasie genug, sich vorzustellen, wie nun wohl das neue Helgoland aussehen werde. Wohl hatten die Architekten ihre Pläne, Grundrisse, Aufrisse und Perspektiven im Kopf. Wir anderen konnten uns darauf noch keinen Vers machen.

Das Bild der zerschlagenen Insel war vorläufig stärker als alle Planskizzen; doch auch unsere Hoffnung und unsere Zuversicht waren nicht mehr umzubringen.

Was dann kam: Die aus neuer städtebaulicher Gesinnung in geschlossenem Wurf konzipierte neue Inselstadt hat alle Erwartungen übertroffen. Nur einige der alten Helgoländer hingen so sehr an den Bildern des Gewesenen, daß sie sich von der Vergangenheit nur zögernd lösen und schwer in das Neue einleben konnten. Einige riefen, unter ihnen Hartmuth Merleker: Baut die Stadt ebenso wieder auf, wie sie war! Die Konservativen warnten vor den Neuerern. Aber auch sie sollten bald wieder heimisch werden.

Die Insel und der Fisch

Unter den Kommandanten, Steuerleuten, Harpunierern und Schiffsmannschaften der berühmten Grönlandfahrer, die von Hamburg oder Glückstadt aus in das Eismeer fuhren und im Kampfe mit dem »Moby Dick« viel Gold oder auch den Tod gewannen, werden in den Schiffspapieren jener Zeit auch viele gute Helgoländer Namen genannt.

Wer über die Geschichte der Helgoländer Fischerei schreibt, darf nicht nur von der inselnahen Hummerfischerei und anderer Kleinfischerei sprechen. Die Helgoländer Seefahrer nahmen mit Erfolg teil am heroischen Kampf mit allen Ungeheuern und Fabeltieren des Nordmeeres. Sie waren Walfänger und Robbenschläger, sie jagten Eisbär und Walroß und standen unter den Besten tapfer ihren Mann.

Sie waren dabei, wenn sich die Buchten von Spitzbergen vom Blut der getöteten Wale röteten. Sie suchten, wie die Hamburger, die Friesen, die Holländer, durch geschickte Segelmanöver den Kaperern zu entkommen, die ohne eigene Arbeit die Früchte des Wagnisses der Walfänger einheimsen und mit dem mühsam gewonnenen Speck nach Hause fahren wollten.

Immer haben die Helgoländer sich vom Fisch genährt, wenn auch nicht ausschließlich. Und es waren nicht nur Kabeljau und Schellfisch, die den Speisezettel ihrer Frauen beherrschten.

Was die Insel an Fleisch, Brot und Milch brauchte, tauschten die Helgoländer mit Ausnahme von etwas Schafsmilch, die auf dem Oberland gemolken wurde, in Büsum, Husum oder

Ritzebüttel gegen ihren Überschuß aus den Fängen inselnaher Fischgründe ein.
Wie üppig war die große Zeit der *Heringsfischerei!* Nur liegen ihre sagenumwobenen Jahre weit zurück: im fünfzehnten und sechzehnten Jahrhundert. Damals zogen die reichen Hamburger, Bremer und Stader Zwischenhändler hinüber auf die Insel und kauften den Helgoländern an Ort und Stelle den Fang ab. Sie salzten ihn, packten ihn in Heringsfässer, sorgten für eine gute Lake, lagerten ihn in Buden oder am Strand und transportierten ihn in Schiffslasten ab.
Die Sage weiß davon zu berichten, daß durch Reichtum und Mühelosigkeit der Fänge nicht selten die Helgoländer, auch ihre Frauen, übermütig geworden seien. Sie sollen Heringe, die auf der Flucht vor größeren Raubfischen an Land sprangen, verhöhnt und ins Meer zurückgeworfen haben. Hierfür wurden die Hochmütigen bestraft, indem ein Mächtigerer die dichten Heringsschwärme von der Insel ablenkte.
Anders jedenfalls vermochten die Helgoländer jener Zeit das Geheimnis der Abwanderung nicht zu erklären. Auch heute sinnen die Fischereibiologen noch darüber nach, welches wohl die Gründe für Glück und Unglück, Reichtum oder Enttäuschung im Fischfang sein mögen. Wahrscheinlich ist, daß für diesen rätselhaften Wechsel nicht eine Ursache allein, sondern eine Kette von Gründen entscheidet: Das Wetter, die Wärme des Wassers, die Strömungen sprechen mit, das Vorhandensein oder Ausbleiben von Kleinlebewesen in der Flut, das Vorkommen von Nahrung für kleine Fische also, an denen sich der gierige Hering selber mästen kann, alles

Faktoren, über die man erst in der jungen Vergangenheit Klarheit gewann.
Jedenfalls blühte auf Helgoland die Heringsfischerei schon vor dem Walfang. Auch eine andere »Frucht des Meeres« wurde im achtzehnten Jahrhundert vor Helgoland reichlich geerntet: Das waren die *Austern*, die auf einer mächtigen Bank wenige Seemeilen entfernt im Osten der Insel siedelten. Ihnen rückten die Helgoländer von ihren Schaluppen aus mit dem Austerneisen zu Leibe und brachten jahrelang eine Ausbeute von etlichen Hunderttausend bis zu einer Million Austern nach Hause. Diese Austern waren in Hamburg wie in Bremen als Leckerbissen sehr begehrt. Bei der Empfindlichkeit des zarten Muschelfleisches, bei der Rückständigkeit und der geringen Geschwindigkeit der Transportmittel jener Zeit waren die Helgoländer Austern zeitweilig die einzigen, die von Hamburgs Ratsherren und Kaufleuten auf die Tafel gebracht werden konnten.
Eine weitere charakteristische Spielart der Helgoländer Fischerei ist die *Angelfischerei*, die hauptsächlich auf den Schellfisch ausgeübt wird. Die Fische wurden von Ein- und Zweimastern aus gefangen, den Schaluppen und Schniggen. Den Besitz dieser Schiffe teilten sich oftmals mehrere Partner, die gemeinsam eine Kompanie bildeten.
In der Blütezeit des Schellfischfanges unterhielten die Helgoländer eine Flotte von fünfzig bis hundert dieser Boote. Auch die Stückzahl dieser Beute wurde nach hunderttausenden, bis an die Millionengrenze, gerechnet. In der Geschichte des Fischereiwesens ist die Helgoländer Langleinenfischerei ein interessantes Kapitel.
Angeblich sind auch die Schellfische durch die moderne Zeit,

durch Grundschleppnetze und durch den Lärm der Schiffsschrauben »vergrämt« worden. Auch hat man Raubbau an den Fischgründen getrieben und sich zu spät gegen Aasfischerei gewehrt.

Auch andere Fischerflotten, die von der Küste aus in der südlichen Nordsee ihr Brot suchten, wurden durch das Ausbleiben und durch die Abnahme des Schellfischs – ähnlich wie die Helgoländer – bitter enttäuscht.

Unter allen Lebewesen des Meeres, die für Helgoland von Bedeutung waren, nimmt der *Hummer* den ersten Rang ein. Er war durch Jahrhunderte der König unter ihnen. Er liebt den Fels, wie ihn der steinerne Sockel Helgolands anbietet, er haust gern in seinen Furchen, Wannen und Klüften. Diese Schlupfwinkel sind ihm gerade recht. In diesen Rinnen stellen die Hummerfischer ihm mit aller List nach. Rings um die Insel siedeln im weiten Umkreis diese großen Krebse, bis hart unter Land; sogar zwischen den Betonklötzen der Molen im ehemaligen Kriegshafen sind sie heimisch geworden. Einige neue und ergiebige Fanggebiete, der Neue Norden und der Steingrund, liegen weiter draußen.

Man fängt den Hummer mit verschiedenerlei Gerät. Früher waren es Stellnetze. Dann gingen die Fischer zu Hummerkörben, den sogenannten »Tinern«, über. An tieferen Fangorten ließ man auch »Plumper« fallen, die mit Ködern versehen waren und die man nach einer gewissen Wartezeit mit jähem Ruck vom Meeresboden aufholte. Die Hummerfischer hatten einen sechsten Sinn, wenn sie über die Fanggründe fuhren und ihre Plumper auswarfen, in der Hoffnung, eines der leckeren Schalentiere zu erwischen.

Neuerdings verwendet man metallene Hummerkästen. Doch

hat der Fang leider in den letzten Jahren nachgelassen, so daß sich das schwimmende »Hüttfatt«, der Vorratsbehälter, nur langsam füllt. Ins Hüttfatt kommen diejenigen überzähligen Krebse, die nicht gleich verkauft werden. Dort ist ihnen, ehe sie in die Küchen der Helgoländer Logierhäuser oder nach Hamburg kommen, eine Galgenfrist vergönnt. Die Fischer fesseln ihre gefährlichen Scheren, damit sie sich nicht gegenseitig verstümmeln und entwerten, sie sorgen für Futter, damit sie nicht vom Fleische fallen, denn ihr Preis richtet sich nach dem Gewicht.

Der Inselgast sieht die Vorratsbehälter in unmittelbarer Landnähe zwischen Landungsbrücke und Augustahafen oder auch im alten Kriegshafen dümpeln, gewissermaßen vor der Küchentür der Insel-Pensionen. Wobei es einem Hüttfatt widerfahren kann, daß ein vorwitziger Seehund den nur wenige Zoll aus dem Wasser ragenden Schwimmkörper zu seinem Ruheplatz macht, um für einige Abendstunden neugierig zum Strandweg hinüberzuäugen.

Über die Hummerfänge der Helgoländer gibt es uralte Register: Für 1615 war ein Fang mit 37000 Exemplaren registriert worden. Zeitweilig ging der ganze Fang nach London. Viele Jahre blieben die Fangergebnisse mit 40 – 50000 stabil. Wohl gab es gute und schlechte Jahre. Im 18. Jahrhundert hob sich der Ertrag auf durchschnittlich 50 – 60000 Stück. Ihnen war mit 4500 Fangkörben nachgestellt worden.

Als die Marine mit dem großen Hafenbau begann, wurde der Hummerfang notleidend. Dafür gab es 1931 und 1937 Rekordergebnisse mit 82000 und 87000 Hummern. Welche Gründe während des zweiten Weltkrieges und nach der Sprengung der Insel zum Rückgang der Hummerfischerei

führten, ist nun schon seit vielen Jahren ein unerschöpfliches Streitgespräch in den Grogstuben.
Sind die Schalentiere durch die Druckwellen der Sprengung getötet worden? Wurde lediglich ihre Brut vernichtet, so daß einige Generationen ausfielen? Oder sind die Krebse vom Felsensockel der Insel verscheucht worden und zugrunde gegangen, ehe sie zu ihrem alten Wohnsitz zurückgefunden haben?
Die wenigen Hummerfischer stöhnen: »Es lohnt nicht mehr!« Und setzen ihre Körbe dennoch aus. Sie mögen nicht resignieren. Das ist nicht ihre Art.
Während weite Gebiete der Nordsee für die Fischdampfer unergiebig geworden sind, weil sie »abgefischt« sind, wie ein hartes Wort im Fischermund heißt, lohnt auch heute noch die weniger kostspielige *Kutterfischerei.* Diese kleineren Fahrzeuge brauchen einen Schlechtwetterstützpunkt. Für diese Zwecke ist Helgoland der geeignete Schutzhafen. Hier können die Kutter, ohne sich zu weit von ihren Fanggründen zu entfernen, besseres Wetter abwarten. Für Helgoland bringen die Kutter Betrieb und Leben, auch wenn die Badesaison abgeklungen ist.
Im Helgoländer Fischereihafen liegen an manchen Tagen dänische, deutsche, holländische und französische Kutter Bord an Bord, ein dichter Mastenwald. Das gibt ein malerisches Bild. Man sieht die weiten Fischerhosen der Holländer, hört die hölzernen Klompen der Fischer von Delfzijl oder Ymuiden über das Pflaster klappern und fängt dänische und wallonische Gesprächsfetzen auf.
Herbert Heidrich nennt die Wiederherstellung Helgolands als Zufluchtshafen für sie »eine unerläßliche Voraussetzung

für ein rationelles Arbeiten der Seefischerflotte in der Nordsee. – Es gibt Tage, an denen gegen hundert deutsche, holländische, dänische, auch belgische Hochseekutter und Schollenkutter im Schutze der Felseninsel geborgen liegen.«

Mein Zank mit Hinnerk Lührs

Nur um mir nach dem Abendessen noch ein wenig die Füße zu vertreten, hatte ich in Richtung des immer noch halb zerstörten Hafens einen kleinen Bummel in die Gegend der Hummerbuden unternommen. Da stand plötzlich nach sovielen wilden Jahren wie aus dem Boden gewachsen Hinnerk Lührs vor mir, einer der rührigsten unter den Halluner Moats, einer der rührigsten, sage ich, aus der ganzen Zeit der Verbannung. Womit die Evakuierung von der Insel gemeint ist. »Minsch!« sagte er. »Das müssen wir begießen.« Und wir begossen es. Hinnerk übernahm das Geschäft der Auftragserteilung. Ich übernahm die Rechnung. So war es wohl am gerechtesten.
Die blitzsaubere Kellnerin des »Deutschen Hauses«, das – wie alle Häuser des Unterlandes – nagelneu war und noch nach Farbe roch, brachte »Zwillinge«. Ein mildes Getränk, wie Hinnerk meinte. »Mir vom Arzt verordnet! Als Nervennahrung!« Dabei verschwieg der Schalk, daß er gerade von Hans Rickmers kam, der mit seinem Schärenkreuzer im Hafen lag. Und Hans Rickmers trank im Zollausland nur den billigen echten Whisky. White Label.
Die »Zwillinge« oder Pärchen bestehen aus einer Flasche Porter und einer Flasche deutschem Bier. »Alles international hier!«, sagte Hinnerk Lührs, der offenbar voller Kampfeslust war. Dabei wußte ich noch nicht, daß Hans Rickmers ihm schon mächtig mit seiner schottischen Bordmedizin eingeheizt hatte.
»Na, wie gefällt Dir das neue Dorf?« »Großartig«, sagte ich. »Nix mehr nach vom alten Helgoland«, zankte Hinnerk, der

seiner eigenen Hütte und allen anderen Fischerhäusern nachtrauerte, die im Bombensturm untergegangen waren. Ich verteidigte das Neue, das wie aus einer Spielzeugschachtel oder aus einem großen Kinderbaukasten hervorgegangen schien.
»Na«, raunzte Hinnerk, »die ersten Hütten waren die reinen Kaninchenställe. Ich will ja nichts sagen gegen fließend Wasser und all den modernen Komfort, aber das sind ja keine Friesenhäuser.«
Hinnerk Lührs hatte viele Sorgen: »Die Hummer haben sich auch verkrümelt. Und in den Schaluppen fehlt der Nachwuchs. Wie lange wir die Boote noch besetzen können, das weiß der Deubel.«
Ich suchte Hinnerk Lührs zu widersprechen: Die ganze Insel sei noch da, wenn auch mit einigen Kratern. Und das Meer sei da, die Düne, der Wind und vor allem die Farben, diese herrlichen Pastellfarben des roten Felsens und der neuen bunten Spielzeugschachtel-Häuser. Meine Liebe zu Helgoland, sagte ich, sei immer noch die gleiche. Groß und hungrig und unstillbar. Ich würde jetzt wiederkommen, so oft mich die Großstadt und das Festland aus den Klauen ließen.
Hinnerk sah mich aus seinen blauen Augen an, die so jung in seinem rostbraun verwitterten Gesicht standen, in einem Gesicht, das die Farbe des Inselfelsens hatte; und plötzlich fühlte ich, daß ihn das Heimweh nach der alten Inselsiedlung schüttelte, das Heimweh nach seiner Fischerhütte auf dem Oberland. Ein Schmuckkästchen war es gewesen, klein und fein und so niedrig, daß ich mich nur auf die Zehenspitzen zu stellen brauchte, um in die Dachrinne blicken zu können.
»Damals, als wir unser Grogwasser noch in der eigenen Dachrinne einfingen, da schmeckte der Grog aus Arrak oder

Jamaica, mit Regenwasser vermischt, ganz anders als heute mit Chlorzusatz!«, knurrte Hinnerk. »Aber inzwischen ist ja wohl die Welt untergegangen, und wir sind auf einem anderen Planeten.«

Langsam begriff ich den Mann und seinen Zorn, und ich begriff auch, daß mein Trost ihn nicht erreichte. Wenn eine Welt untergegangen ist und die Seelen sind mit verschüttet, dann genügt es eben nicht, neue Spielzeughäuser aufzurichten.

Aber dann sagte Hinnerk ein gutes Wort, das mich bewegte und erschütterte: »Daß Du wieder da bist«, sagte er, »das bringt ein Stück von der alten Vergangenheit auf die Insel. Du weißt doch, vor vierzig Jahren, da hast Du mit Deiner jungen Frau hier in meiner Hütte Deine Flitterwochen zugebracht. Und wir fuhren damals hinaus zu den Fanggründen, haben Hummer heraufgeholt, vierzig, fünfzig an einem Tag, und Dorsche geangelt und Makrelen, sobald es die Zeit war.« Und Hinnerk Lührs lachte wieder.

Auf dem Nachhausewege sahen wir den Inselpolizisten auf seiner Runde. Hinnerk und er grüßten sich, wie alte Freunde einander grüßen. Und mit dem Lächeln des Schalks sagte Hinnerk: »Feine Kerls sind das!« Und er meinte die Polizei. Die aber warf sich schon in die Brust, als Hinnerk noch spöttisch hinzufügte: »Solange sie schlafen!« Da lachten wir alle drei! Und wir sogen ganz tief die Meeresluft ein, die immer noch die gleiche ist, die schon damals um die alten Friesenhäuser geweht hatte, vor dem Feuersturm.

Der Hummerfischer Hinnerk Lührs war durch viele bewegte Jahre der Helgoländer Insel-Geschichte mein Freund gewesen. So in den Jahren der Weimarer Republik, während der

»Evakuierung« der Halluner Moats, die ihn nach Cuxhaven verschlug, und so auch nach der Rückkehr der Insulaner aus ihrer Verbannung, in ihre rasch aufblühende geliebte Insel-Heimat.

Mein Freund Hinnerk hat in seinem bewegten Leben viele Berufe gehabt. Er hatte bei der Marine gedient. Er hatte für die Gemeinde auf der Düne gearbeitet und beiläufig tausend Donnerkeile gesammelt, die er für das erträumte Helgoland-Museum stiftete. Er war auch bei der Börte. Dann half er, als seine Gesundheit schlechter wurde, in der Badeanstalt und auf der Brücke aus.

Er konnte wunderbar erzählen. Er war, wenn er es konnte, freigiebig und versorgte mich in der Hungerzeit nach dem zweiten Weltkrieg mit getrocknetem Dorsch und mit »Kniepern«, jenen Krebsen, deren gefährliche Scheren ein Leckerbissen sind. Hinnerk hat weder die kleinen Mädchen noch die starken Getränke verachtet. Und als die Studenten Hatzfeld und Leudesdorff ihre Invasion unternahmen, um die Bombenübungen der Royal Air Force gegen das in eine Mondlandschaft verwandelte Helgoland zu stoppen, da reiste Hinnerk Lührs mit und wirkte zwischen dem Flakturm, den Bombentrichtern und den in Schutt und Asche gesunkenen Häusern des Ortes als eine Art »Quartiermacher«, blutenden Herzens und dennoch getröstet, da er den roten Felsen wieder unter den Füßen spürte.

Zu Beginn der sechziger Jahre wurde der im »Haus Pinguin« angesiedelte Hinnerk schwer herzleidend. Außerdem litt die Durchblutung seiner Beine. Auch Trübungen seines Bewußtseins traten ein.

Diese Dämmerzustände kamen in Schüben. Waren sie vor-

über, so kehrte die alte Fröhlichkeit zurück. Seine Augen blitzten. Der Schalk regte sich aufs neue, und die lustigen Geschichten hüpften ihm hurtig über die Zunge.
Doch dann wurde es bitterernst. Hinnerk gestand mir: »Jetzt mache ich es nicht mehr lange.« Obgleich seine Frau, Male, ihn aufopfernd pflegte, litt er oft unerträgliche Qualen.
Meinen letzten Besuch an seinem Sterbebett werde ich nie vergessen können. Als ich sein Krankenzimmer betrat, fand ich ihn ohne Bewußtsein. Plötzlich aber öffneten sich seine Augen. Er erkannte mich. Er lächelte und begann zu sprechen:
»Wie schön, daß Du da bist«, sagte er. »Ich war nämlich ganz weit weg. Ich hatte das Gefühl, schon gestorben zu sein. Ich war in rauschender Fahrt aufgestiegen. Hoch in den Himmel. Es wurde strahlend hell. Die Fülle des Lichtes war kaum zu ertragen.
Ja, Erich, Du magst es glauben oder auch nicht: Ich war im Himmel! Doch als ich mich umschaute, als ich Bekannte oder Freunde suchte, entdeckte ich, daß ich ganz einsam und verlassen war. Ich suchte den Papst und den Kaiser, ich suchte den Bürgermeister von früher, den Inselpastor, die Maaten von der Börte, die süßen kleinen Mädchen von ehedem. Ich fand keinen. Der Himmel war weit und leer und entsetzlich langweilig.
Da wurde mir plötzlich schwarz vor Augen. Bis ich gerade eben aufgewacht bin. Und nun fühle ich: es gibt nur ein Paradies – Helgoland!«
Ganz leise sagte mein Freund Hinnerk dann: »Und hier möchte ich immer bleiben, und nie wieder in den Himmel fahren!«

Unter uns stand ein Makrelenschwarm

An einem anderen Tag fuhren wir mit dem Motorkutter »Seehund« vom kleinen Inselhafen ein paar Meilen Kurs Südost, hinaus in die grüne See. Am Ruder stand der Hummerfischer Henry Lührs, ein Namensvetter Hinnerks, und machte wie immer ein fröhliches Gesicht.

Wir hatten die Klippen querab von Danskermannshörn passiert. Der Fischer klemmte, als wir weit genug draußen waren, die Ruderpinne fest und machte die Angeln klar: »Eigentlich müßten es vier sein. Aber wir angeln heute nicht für Geld, sondern zum Sport«, sagte er.
Aus dem Portemonnaie zog er ein halbes Dutzend zierlicher Angelhaken. »Englische Ware!« sagte er. Dann schob er auf zwei dieser Haken einen hell schimmernden Köder und knotete den Haken an einen Seidenfaden. Nun kam eine Bleikugel, die an einer kräftigeren Hanfschnur hing. »Die Seide ist anderthalb Faden lang, die Hanfschnur drei«, erklärte der Fischer und warf die erste Angel über Steuerbord, und gleich danach rauschte die zweite über Backbord ins Meer.
Lührs hatte den Motor auf kleinste Fahrt gestellt. Es war kurz nach 5 Uhr. Die Nachmittagssonne goß ihr mildes Licht über eine sanft atmende Dünung. Der Wind war ganz leicht; drei Beauforts oder so. Aber am Horizont stand eine schwarze Gewitterwand. Stand wie eine Mauer und rührte sich nicht. Ich dachte, wie so Landratten denken: Das ist die Ruhe vor dem Sturm!
Lührs grinste freundlich: »Und wenn's hundertmal losgeht, die paar Gewitterböen reiten wir auf dem »Seehund« auch

noch ab.« Ich griente, schon um meine Fassung zu zeigen, gelassen zurück.
»Woll'n mal sehen, ob sie beißen!« sagte der Fischer und spielte mit leichter Hand an der Backbordangel. Er zog die Mundwinkel herunter und ging zwei Schritt nach Steuerbord. »Entweder sind keine da, oder sie haben heute ihren schlauen Tag und führen uns an der Nase herum«, sagte er. »Ist nicht mehr viel los mit der Fischerei in der Nordsee«, höhnte er, »wie reich sind diese Fischgründe früher mal gewesen! Das ist vorbei. Abgefischt!« knurrte er. Und plötzlich war das Blau seiner Augen hart.
Dann entwickelte er eine eigene Theorie über die gestörte Harmonie des Meeres. »Solange das Meer voll war von Fischen und die Fische einander fraßen und verdauten, Schleim erzeugten und absonderten, eine Art Urschleim vielleicht, der aufstieg und sich wie ein Ölfilm ausbreitete und das Wasser dick machte, da dämpfte der Ölfilm den Kamm der Wogen und machte selbst die stürmische See weich. Jetzt ist das Wasser dünner geworden und die See rauher. Und die Brecher sind wilder.« Ich schaute hinüber zur Gewitterwand. Henry Lührs sagte: »Vielleicht sind das alles Hirngespinste!«
Plötzlich zuckte die Steuerbordangel, und mit einem Schlage war die Gesprächigkeit des Fischers wie weggeblasen. Die erste Makrele hatte gebissen! Lührs zog mit kurzen, raschen Bewegungen die viereinhalb Faden Angelschnur ein und zog nun, wie in einem Schöpfwerk, Fisch um Fisch aus dem Meer.
Kaum lagen sie im großen Fischkorb, da krümmten sie sich, klappten die Kiemendeckel weit auseinander, bäumten sich

auf, suchten zu springen und wollten zurück in den Abgrund der See.
Das Meer unter uns war ganz schwarz geworden. »So muß es sein!« sagte der Fischer. »Und dort, wo das Wasser hochschwappt, steht eine Flutkante mit zweierlei Wasser! Das liebt der Fisch. Da steht er oft in dichten Schwärmen. Wie jetzt! Jetzt sind wir direkt drüber. Jetzt könnten wir zwanzig, dreißig, fünfzig, hundert Angeln werfen. Und sie würden in die meisten von ihnen beißen, nicht in jede. Oft genügt der blanke Haken, so gierig sind sie, wenn es auch sicherer ist mit dem Köder.«
Plötzlich lachte der Fischer: »Sieh mal an! Die hat uns beschubbst und nur den Köder geschnappt!« Er griff einen der Fische, legte den getigerten Rücken in die hohle Hand und schnitt mit scharfem Messer ein Stück silbriger Haut aus der Bauchdecke, schob die Haut als Köder über den Haken und warf ihn wieder über Bord. »Kannibalen sind das! Sie fressen sich gegenseitig!« sagte Henry Lührs.
Wir hätten das ganze Boot mit zuckenden Fischleibern füllen können. Lührs aber meinte, als der Korb gefüllt war: »Das reicht für Sie, für mich und für die Nachbarn!«
Abends aß ich taufrische, gebratene Makrelen. Sie schmeckten zart und süß wie nie zuvor. Und doch aß ich sie mit schlechtem Gewissen. Ich hatte es miterlebt, wie sie starben.

Kleine Hinweise für Helgoland-Genießer

Es gibt Helgoland-Reisende, die diese Insel einmal in ihrem Leben besuchen und von diesem Erlebnis bis an das Ende ihrer Tage zehren.

Es gibt andere Helgoland-Reisende, die unersättlich sind. Sie nutzen regelmäßig die Fünftagewoche und verbringen das achtundvierzigstündige Wochenende, dazu alle höheren Feiertage, von Karfreitag bis Ostermontag und von Weihnachten bis Neujahr, immer wieder drüben auf dem roten Felsen. Sie sind der Insel verfallen. Sie ist ihnen zur zweiten Heimat geworden. Sie können nicht mehr ohne sie sein. Sie sind mit ihrem zweiten »Ich« selber Halluner geworden.

Kaum haben Menschen dieses Typs auf der Anreise das letzte Feuerschiff passiert, da stehen sie schon an der Reling und halten Ausschau, ob sich die Konturen der geliebten Insel nicht schon blaßrosa durch den silbrigen Dunst schieben.

In der Elbmündung – die Küste ist schon versunken – ist das Wasser noch mißfarben und brackig. Plötzlich schlägt die Farbe um und beginnt zu leuchten. Das ist die glasklare grüne See!

Bei Windstärke fünf oder sechs aus West, Nordwest oder Südwest beginnt unser Schiff zu arbeiten. Kleine Gischtwolken sprühen über das Deck. Sie riechen gut, und sie schmecken gut. Die Haut beginnt zu prickeln, und über die Brillengläser legt sich ein feiner grauer Schleier.

»Wie lange bleiben Sie?« fragt ein Wochenend-Reisender den Dauergast. »Drei Wochen!« antwortet der Unersättliche.

»Na, hören Sie mal! Zwei-, dreimal rum um die Insel, zu Fuß und auch einmal mit dem Boot. Das genügt doch wohl?!«

»Mir nicht!« sagt der Unersättliche. »Ich mache überhaupt keine Rechnung dieser Art auf! Ich lasse mich treiben oder auch nicht. Ich richte mich nach der Tageszeit, nach dem Stand der Sonne, nach dem Wind und auch danach, ob viele oder wenig Menschen da sind. Um einige von ihnen mache ich selbstverständlich einen Bogen.«

»Geht denn das überhaupt? Ist die Insel nicht viel zu klein dazu?«

Da lacht der Dauergast, der schon halbe Bürgerrechte in der Gemeinde genießt, laut auf: »Haben Sie eine Ahnung, *wie* groß die Insel ist und wie *klein* die Überflüssigen auf ihr werden!«

»Ich habe mir sagen lassen, daß die Tagesgäste, die mit all den vielen Schiffen von Hamburg und Bremerhaven, von Büsum, Wilhelmshaven, Cuxhaven oder Norderney kommen, sich um die gleiche Zeit wie ein Zug von Ameisen über den Klippenweg ergießen oder sich über die Kaiserstraße und in den Bazaren drängen.«

»Tun sie, tun sie! Und man soll sie auch gewähren lassen. Sie brauchen nur nach Backbord oder Steuerbord übers Meer zu blicken, und schon sehen sie weder Vordermann noch Hintermann. Meinen eigenen Gang um die Insel mache ich morgens zum Sonnenaufgang oder abends, wenn der große Ball unter dem Horizont verschwindet. Es kommt ganz auf die Tageszeit an, die man sich aussucht. Und bei dieser Wahl ist jeder frei! Der große Ansturm der Tagesgäste verebbt nach wenigen Stunden. Die wenigsten verlaufen sich auf die Molen, und auch die Düne ist weiträumig.« Das ist es eben: Die Wahl steht jedem frei. Helgoland bietet dem, der seinen Strand betreten hat, ungeahnte Möglichkeiten, viele Lockungen und Verwandlungen, tausend Ziele. Und sie alle sind erreichbar: am frühen Morgen die Nordspitze in unmittelbarer Nachbarschaft mit der »Langen Anna«, am Nachmittag die klotzigen Molenköpfe des großen Marinehafens, die man auf einigen Steigeisen leicht erklimmt. Und immer ist man auf der letzten, aus klirrendem Geröll und Sand geformten einsamen Spitze der Aade allein, mit der die Düne wie eine Nadel im Meer ausläuft. Ein weißer Faden spult ab von dieser Landspitze. Das ist ein Band aus Schaum. Der scharfe Flutstrom läßt die See moussieren.

Für Einzelgänger erreichbar sind auch die Hummerkörbe oder das, was von ihnen sichtbar ist: die über den Fangkörben schwimmenden Korken. An diesen Schwimmern hängen die Leinen, mit denen der Fischer die leeren oder vollen Hummerkörbe aufholt. Und der Himmel über dem Wasser könnte gar nicht größer sein!

Nur muß man den Zeitpunkt richtig wählen, um den Menschenstrom zu meiden. Man kann die Mittagszeit des Hochbetriebs drüben auf der Düne in einer Sandmulde, im Strandkorb, im Wasser oder nach rechtzeitig eingenommener Mahlzeit auf dem Zimmer schlafend oder lesend verbringen. Werden die Tagesgäste nach kurzem Aufenthalt wieder eingebootet, dann können die Bleibenden, die Glücklichen, weite Gänge durch den Hafen, über die Molen oder über das Ostgelände zur Jugendherberge machen.

Bei Ebbe kann man den Fuß der Insel umwandern, nicht ganz gemächlich zwar, doch stapft oder hüpft man durch die Urlandschaft des Meeresbodens, springt hinweg über das Gestein der Brandungsterrasse, die dicht mit einer reichen Algen- und Tangflora bewachsen ist. Im rückgestauten

Wasser der Rinnen und Priele quirlt tausendfältiges Leben. Selbst bei Windstille vernimmt man den Atem der entwichenen See, das Versickern der Flut, das Blasentreiben der fallenden, das Flüstern, Rauschen und leise Singen der wiederkehrenden Wasser.

Und es ist niemals der gleiche Weg, auch wenn der Inselgast dieselbe Spur verfolgt wie tags zuvor. Denn alles umher wechselt: die Kraft und die Richtung des Windes, die Himmelslandschaft der Wolken, die Dichte des Nebels, die Stärke der Brandung, der Einfall des Lichtes, die Glut oder Sanftheit der Farben. Oft sind unter blauem Himmel und bei hoher Sonne die Farben dieser Insel stärker als auf Ischia oder Rhodos. Oder sie sind unter silbergrauen Schleiern ganz zart, durchsichtig und milde wie das sanfteste Aquarell.

Man hat den Helgoländern, als ihre Insel vom deutschen Kaiser gegen Sansibar eingetauscht worden war, einige Privilegien zugestanden: vor allem die Zollfreiheit. So sind viele ausländische Waren für billiges Geld zu haben: russischer Kaviar, Champagner und Parfum aus Frankreich, köstliche Konfitüren aus England, salzlose Butter aus Dänemark, Suerdieck- und Dannemann-Importen aus Holland und Brasilien, Kaffee aus Guatemala, Tee aus Ceylon, Alpenmilch-Schokolade aus der Schweiz, amerikanische oder mazedonische Zigaretten, irisches Leinen und englische Plaids, alles, was man auf der Fifth Avenue oder am Jungfernstieg in Hamburg auch kaufen kann, wenn auch bisweilen etwas teurer. Auf Helgoland bietet man es wohlfeil an, mögen auch die Zolldifferenzen zwischen den EG-Ländern neuerdings kleiner geworden sein. Man kaufe. Gewiß. Doch kaufe man mit Bedacht. Also das, was man in Kostproben studiert hat.

Nur die Tagesgäste sind in Eile. Der Gast, der bleibt, sollte sich grundsätzlich jeder Hast entwöhnen. Auch beim Einkauf. Ein weiterer Rat: er sollte nicht nur die Hauptstraße aufsuchen, sondern auch in die Seitengassen hineinschauen. Dort sind die Schaufenster, Vitrinen und Regale ebenfalls gefüllt, und es ist immer angenehmer, seine Wahl zu treffen, ohne den ungeduldigen Ellenbogen eines Unbekannten in den Rippen zu spüren.

Wer seine Freunde auf der Insel hat und den Familientisch teilt oder im kleinen Kreis die Hausmannskost der Insel vorgesetzt erhält, ist immer gut daran. Er wird nahrhaft und schmackhaft versorgt sein. Das Klima sorgt für einen Wolfshunger. Vor allem gilt für die Helgoländer Küche eines: Die Zutaten sind vorzüglich!

Vor dem Frühstück ist eine Prise Seeluft wirksamer und bekömmlicher als der beste »Appetizer«. Man ißt dann mit gutem Gewissen! Ob man Tee oder Kaffee zum Frühstück wählt, ist sicherlich gleich. Beide munden – zubereitet mit dem weichen Regenwasser aus den Zisternen der Helgoländer Häuser – köstlicher noch als jedes mit dem Quellwasser des Hochgebirges zubereitete Getränk.

Die Helgoländer Wirtinnen sind klug genug, auch bei der Sortenwahl des indischen Tees wie des Kaffees aus Lateinamerika oder aus Kenia nie zu knausern. Nach diesem ersten Frühstück erscheint der ganze Tag in einem anderen Glanz, in ungekannter Heiterkeit, da er mit so herzhaften Gaumenreizen beginnt.

Die Mittagsmahlzeit hat in der Hochsaison ihre Probleme. Auch und gerade die besten Gaststätten sind, während die Dampfer auf der Reede liegen und alle Passagiere an Land geschickt haben, überfüllt. Bisweilen sind Wartezeiten unvermeidbar. Deshalb ist es ratsam, vor dem großen Ansturm zu speisen, es sei denn, man hat in einem kleinen Hause mit Vollpension gemietet oder kocht selber. Das kostet allerdings Zeit.

An heißen Tagen bleiben viele mittags auf der Düne. Dort ist im Dünenrestaurant wie im Restaurant des Flughafens das Essen gut, die Bedienung flott.

Wer seinen Gaumen verwöhnen und in Muße speisen will, sollte seine Hauptmahlzeit am frühen Abend einnehmen, wenn es sich schon leicht abgekühlt hat. Nun kann man sich viel Zeit nehmen, während draußen die Schatten wachsen. Oder man läßt sich von seiner Wirtin eines der vielen guten Helgoländer Fischgerichte zubereiten, unter denen der Angeldorsch mit das wohlfeilste und dennoch ungewöhnlich schmackhaft ist.

Wie der Wein, den man beim Winzer trinkt, köstlicher mundet als andernorts, so schmeckt auch der Fisch im Hause des Fischers am besten. Er birgt in seinem weißen Fleisch noch das ganze Aroma der See.

Das stimmt bei allen Arten des Plattfisches, beim Steinbutt, beim Heilbutt, bei der vor wenigen Stunden erst angelandeten Kutterscholle oder bei der in Weißwein gebadeten köstlichen Seezunge.

Hat man die Makrele, die ein »weicher« Fisch ist, gar selbst geangelt und läßt sie durch seine Wirtin zubereiten, auf mäßiger Flamme langsam durchbraten oder nach dem Braten in Weinessig legen, so schmeckt auch dieser Fisch auf Helgoland so delikat wie nirgends sonst auf dem Festlande. Das

gilt auch für alles Geräucherte, wenn es direkt aus dem Räucherofen kommt.
Die Erklärung für die ungewöhnliche Schmackhaftigkeit der Makrelen auf Helgoland liegt einfach darin, daß der Fisch gleich nach dem Fang in die Pfanne gelegt wird. Wild muß abhängen, Fische möchten am liebsten von der Angelleine direkt in die Bratpfanne.
Auch auf Helgoland ist es keine Frivolität, vor dem Hauptgang eine Scheibe Toast (bitte blond, beileibe nicht kaffeebraun!) mit Kaviar zu genießen. Dazu ein oder zwei Spitzkelche französischen Sekt. Wer nicht snobistisch ist, darf sogar feststellen, daß unser eigener Markensekt noch keinen Kaviar abgewertet hat. Beide sind einander ebenbürtig.
Das gilt auch fürs Hummeressen, das die Helgoländer durchweg noch aus eigenen Fängen beschicken. Nur bei ganz großen Diners sollen gelegentlich auch schon Hummer importiert worden sein.
Auch die Steaks, Karbonaden und Schnitzel auf Helgoland sind gute Importware. Die Zubereitung erfolgt selbstverständlich mit allem Raffinement der Inselküche. Diese gute, internationale gastronomische Schule, die der reichen Vielfalt der Herkunftsländer aller Speisen angemessen ist, spiegelt sich in der Qualität und in der Zubereitung der Beilagen. Sie ist den hors d'oeuvres abzuschmecken, sie kombiniert die »dressings« oder variiert die Nachspeisen. Ihre letzten und gewiegtesten Akzente erhält diese farbenreiche Palette durch die Früchte aus Kalifornien und Hawaii.
Die Küche Helgolands hat viele »Hoflieferanten«.
Neben leichten und schweren Weinen aller Herkunftsländer zwischen Griechenland, Portugal, Burgund und der Pfalz

gibt es auf der Insel eine unabsehbare Auswahl an scharfen Getränken: Da stehen in Batterien vielerlei Sorten Whisky, alle großen Cognacs aus Frankreich, die scharfen Zwetschgenwässer aus Jugoslawien, der heiße Wodka aus Leningrad und der edelste Importrum aus Jamaica, dessen Duft so stark ist, daß er im Handumdrehen, kaum wurde die Flasche entkorkt, den ganzen Raum mit tropischen Aromen füllt. Welch ein Fest für gute Nasen!
Doch sollte man niemals darauf verzichten, sich auch die eigenen Mischungen der Insel präsentieren zu lassen: den Eiergrog, die Helgoländer Welle, den gewissermaßen einbeinigen deftigen Grog auf Rumbasis oder auf Arrakbasis. Mit Kandis gesüßt selbstverständlich. Nur hüte man sich, sofern man nicht aufgehen will wie ein Hefekuchen, mehr als zwei Eiergrogs am Tage zu sich zu nehmen! Dieses Getränk ist mehr gegen den Hunger als gegen den Durst. Doch wer vom Wind ausgekühlt ist und Wärme braucht, um am Leben zu bleiben, der wird mit dem Helgoländer Eiergrog genau richtig bedient.
Wer aber Durst auf Bier hat und Freude daran findet, bei einer Schwedenplatte oder zu Gesalzenem die Brauereierzeugnisse Kopenhagens mit denen von Pilsen oder München zu vergleichen, der findet in den guten Gaststätten der Insel auch hierzu Gelegenheit.
In den Bars der Insel aber hüte man sich, die Internationalität der Flaschenbatterien in zu rascher Folge zu prüfen. Was in einem Weinkeller des Rheingaus oder der Mosel möglich ist, nämlich auf der Weinkarte zu turnen, vollzieht sich ja durchweg innerhalb ein und derselben Lage, wenn auch im Wechsel der Jahrgänge. In einer Helgoländer Bar handelt es sich aber

Helgoländerinnen an der westlichen Steilküste

Foto: Wilh. Dreesen, 1895

Segelboote vor Helgoland

Der Leuchtturm von Helgoland

Fotos: Wilh. Dreesen, 1895

Auf der Badedüne

Ein- und Ausbooten an der Badedüne *Fotos: Wilh. Dreesen, 1895*

Die westliche Steilküste

Foto: Wilh. Dreesen, 1895

Der alte Fahrstuhl vom Unterland zum Falm

um so starke alkoholische Kontraste, daß der stärkste Mann kaum mit Anstand einen zu eiligen und zu häufigen Wechsel am gleichen Abend absolvieren kann. Deshalb Vorsicht: Auch diese verführerische Auswahl an scharfen Spitzengetränken darf nicht zu alkoholischer Viecherei werden. Man trinke nicht mehr Sorten, als man bei Tische Gänge zählt. Selbst die erlesenste Tafel sollte den Menschen niemals zur Völlerei verleiten. Kleinere Kater allerdings sind unverfänglich. Sie wehen spätestens am nächsten Morgen wieder davon.

Der Kampf um die Düne

Ohne die Düne hätten die Helgoländer nach der Freigabe ihrer Insel den Badebetrieb erst viele Jahre später wieder aufnehmen können.

Die Düne wurde den Helgoländern zum Segen und sogar zur Rettung.

Ehe die festen Häuser des Ortes wieder aufgerichtet werden konnten, war auf der Düne bereits eine Zeltstadt entstanden, die sich bei vielen Campingfreunden großer Beliebtheit erfreute. Die Gäste dieser Zeltstadt waren für die Helgoländer ein neuer Typ von Besuchern. Niemals war das Naturerlebnis der Gäste vom Festland stärker als in diesen angeblich »mageren Jahren« des neuen Anfangs. Auch des Nachts drang der Ruf der Brandung durch die dünne Zeltleinwand. Nie war das Meer so nahe. Man behalf sich in der Verwaltung dieser leichtgebauten Stadt, in der Verpflegung, war genügsam bei der Versorgung mit allen Lebensbedürfnissen; man ließ die Kunst der Improvisation spielen, und man genoß die Einfachheit des Lebens wie eine neue Entdeckung.

In den Festungsjahren der Insel war auch die Düne ausgebaut und befestigt worden. Es entstand ein Dünenhafen, es wurden Molen und neuartige Uferschutzbauten errichtet. Auch waren Bunker, ein kleiner Flugplatz und Geschützstellungen gebaut worden. Später wurden sie zerbombt, gesprengt, zerstört. Geblieben sind, wenn auch angeschlagen, einige starke Molen und ein breites, aufgeschwemmtes Gelände, ein neuer Nordstrand, an den sich nun ein gleichfalls junger Dünensaum schmiegt. In den Mulden und Miniaturtälern dieser neuen Dünenlandschaft ducken sich nun die

windumspielten Zelte der Campingstadt. Bedroht blieben der Südstrand und in seiner Nähe der letzte Kern der einstmals »hohen Düne«.
Immer wieder wollte im Laufe der letzten Jahrhunderte diese Helgoländer Düne sterben. Immer ist sie dem Leben wiedergeschenkt worden. Dem Himmel sei Dank! Ohne die Düne wäre alle Zukunftshoffnung des Jakob Andresen Siemens, der vor einhundertfünfzig Jahren das Bad gegründet hat, zuschanden geworden. Die Düne ist heute das Zentrum des Badelebens und wird es bleiben. Daran ändert auch die Badeanstalt im Osten der Insel nichts. Hier wurde von der wiedererrichteten Gemeinde ein herrliches Schwimmbassin unter freiem Himmel gebaut, gespeist mit warmem Seewasser. Immer wird diese architektonisch so schöne Badeanstalt Besucher in Hülle und Fülle finden. Aber kein Schwimmbassin kann die weiträumige Düne ersetzen.
Um die Düneninsel hat sich im Laufe der Zeit ein Schicksalsdrama abgespielt, auf das alle Regeln der Dramaturgie angewendet erscheinen. Schuld und Sühne lösen einander in diesem leidenschaftlichen Zusammenwirken der Kräfte des Menschen und der Natur ab.
Bis in die sturmdurchtobte Neujahrsnacht des Jahres 1720 war die Felseninsel mit der Hohen Düne durch einen Wall aus Geröll, etwa von der Beschaffenheit der heutigen Aade, verbunden. Dieser zuletzt nur noch schmale Zugang hieß der »Woal«.
Daß der Woal abgemagert und schließlich ein Opfer des Nordweststurms wurde, der mit dem gewaltigen Schub seiner Hochwasser den ganzen Damm beiseitedrückte und so diese Verbindung für immer unter den Fluten begrub, haben

die Helgoländer sich selber zuzuschreiben. Obgleich sie doch mit dem Meere verwachsen waren und seine Tücken gut kannten, haben sie Hand an diese Düne gelegt und ihren Lebensnerv vernichtet. Damit wird kein fahrlässiger Angriff gegen das Inselvolk ausgesprochen. Seine besten Männer haben das, was hier einmal geschah, nüchtern festgestellt und freimütig ihren Tadel geäußert.
Man soll über den Lauf der Dinge gewiß nicht nachträglich lamentieren, dennoch ist es reizvoll, den Ereignissen nachzugehen. Wie kam es zu diesem Unglück für Helgoland?
Wieder greifen wir zur alten Inselkarte des Johannes Mejer aus dem Jahre 1639. So unwirklich sie die früheren Zeiten schildert, so gewissenhaft spiegelt sie die Existenz der Insel im Entstehungsjahr der Karte. Damals war der Woal eine breite Landbrücke, die sich nach Osten zum eigentlichen Kern der Dünenhalbinsel noch ansehnlich ausweitete. Dieser Kern bestand aus dem Dünengebirge, an dem die wechselnden Winde unablässig arbeiteten, und er bestand aus dem mächtigen Kreidefelsen, der ein weißer Tafelberg war. Wichtig war auf dieser Halbinsel das Vorhandensein einer Süßwasserquelle. Sie schützte die Insulaner in heißen Sommern, wenn die Zisternen zur Neige gingen, vor dem Verdursten. Auch fetter Lehm war vorhanden, wenn auch nur in einem kleinen Geviert. Auf der grünen Kappe des weißen Tafelberges weidete Milchvieh.
Da begannen die Helgoländer, das Festland außer mit Hering, Hummer und Auster auch mit Kreide zu beliefern. Sie gingen den weißen Felsen mit dem Steinmeißel an und trugen die Lehmschichten mit Schaufel und Spaten ab. Sie gewannen Baumaterial für feste Häuser und schwächten damit

doch nur den Prellbock, den die Doppelinsel den Nordwest-Stürmen entgegensetzte.
Der Woal hatte seine Nahrung an Geröll aus den Trümmern der Kreidefelsen gezogen. Sicherlich wurde das kleine Kreidegebirge ohnehin vom Wetter abgetragen. Die Helgoländer aber beschleunigten diesen Abbau durch einen großen Steinbruchbetrieb, dessen Vorrat viel zu begrenzt war.
Es hat an Warnern nicht gefehlt, doch sie fanden kein Gehör. Solange der Woal die beiden Inselteile verband und die Kreidefelsen sich über die Sturmflutgrenze hinaus erhoben, sagten die Fahrlässigen: »Nach uns die Sintflut!« Oder sie dachten überhaupt nicht darüber nach. Bis dann der Damm brach!
Und als die Sintflut gekommen war, blieb der Steinbruch! Die Kreide wurde weiter gebrochen. Und damit wuchs die Gefahr für die Düneninsel ins Unvorstellbare.
Hans *Heiseke*, gewiß kein Unberufener, grollte den Helgoländer Vorvätern in einem Aufsatz, den er im Februar 1956 im Mitteilungsblatt der Halluner Moats veröffentlicht hat:
»Als unsere Vorfahren im fünfzehnten bis siebzehnten Jahrhundert den natürlichen Schutz der Düne, die Witte Kliff, des Verdienstes wegen abbauten und in der Neujahrsnacht 1720 der Damm, der bis dahin Helgoland und Düne verband, durch eine äußerst große Sturmflut durchbrochen wurde, war das Schicksal der Düne besiegelt. *Die Düne war zum Sterben verurteilt.*«
Sie war zum Sterben verurteilt und starb doch nicht! Seither ist nämlich ein Vierteljahrtausend vergangen, und immer wieder hat die Düne Kräfte zur Heilung der Wunden aus ihrer Vergangenheit entwickelt, die erstaunlich sind. Diese

Regenerationskraft erscheint fast wie ein Wunder. Des Rätsels Lösung ist: Es blieb der feste steinerne Fuß der Insel, auch für die Düne. Auf diesem Sockel wandert die »Mütze« Sand hin und her.

Darin allerdings hat Hans Heiseke recht: Die Düne war nun zum Sorgenkind des Inselvolkes geworden, und kein Kind wächst den Müttern mehr ans Herz als das Kind der Sorge. Aus dieser Sorge heraus entstand unter anderem zum Schutze des Strandes ein Tetrapodenwall.

Zu den Schutzmaßnahmen, die zur Erhaltung der Düne getroffen wurden, zählt ein kompliziertes System von Buhnen und Stacks. Es wurde zum ständigen Thema der Streitgespräche zwischen den Helgoländern und den Wasserbautechnikern des Festlandes. Kaum wurden die Buhnen gebaut, da setzte sich mancher eingeborene Sachverständige in Positur und schalt – oft mit Gründen, die sich hören ließen – die Maßnahmen, die drüben in den Amtsstuben am grünen Tisch erdacht wurden. »Buhnen«, so argwöhnte man, »um der Düne *Sand zuzuführen,* während die Buhnen der Flüsse doch wohl bezwecken sollen, das Fahrwasser *tief* zu halten und es vor Verschlickung und Versandung zu bewahren? An der Düne sollten sie nun das Gegenteil bewirken. Unmöglich!«

Behauptet wird allerdings, daß einige dieser Buhnen zu Sandfängern wurden; andere Buhnen aber fingen nur den Brandungsschwall auf und förderten die Auswaschung des Strandes. Mochte ein Teil der Buhnen zumindest nicht geschadet haben, so führten andere die aus Nordwest herandrängenden Grundseen direkt an den wunden Punkt der Nordspitze und beschleunigten dort die Zerstörung.

Wilhelm II., der Helgoland erworben und der Insel immer

seine Zuneigung bekundet hatte, erwartete von den Helgoländern ein Lob des auch von ihm unterstützten Buhnenbaus. Er soll reichlich verdutzt gewesen sein, als ein von ihm befragter Helgoländer dem Kaiser die sehr drastische Antwort in Gestalt einer Gegenfrage gab: »Majestät, kann man die auch wieder wegmachen?«

Der Streit nahm zeitweise stürmische Formen an. Die Helgoländer schlugen vor, zur Nordspitze der Düne eine feste Mauer oder ein künstliches »Wittes Kliff« zu bauen. Die preußische Regierung wollte ein weniger kostspieliges Uferdeckwerk schaffen. Die Helgoländer protestierten. Da gaben die Preußen den Kampf auf und überließen den Helgoländern den Dünenschutz aus gemeindeeigenen Mitteln, die allerdings dafür niemals ausreichen konnten.

Eine düstere Zeit brach an: auf dem Festland die Wirtschaftskrise, die große Arbeitslosigkeit; auf der Insel Sorgen um die Zollfreiheit, Sorgen um die Düne, Sorgen um den durch die Krise in Mitleidenschaft gezogenen Badebetrieb.

Alle Aufschwemmungsarbeiten und Bauten vor und während des zweiten Weltkrieges haben das Schicksal der Düne nicht sichern können. Neue Sturmfluten haben ihr neue Wunden und Schäden zugefügt. Solange die Kräfte der Natur stärker sind als der Mensch, werden die Sorgen um die Düne bleiben. Noch ist sie da!

Rechnet man alle Kosten des Dünenschutzes, münzt man den Schweiß und die Anstrengung auch der Helgoländer im Kampfe um die Düne in Gold um, ihre Sandkörner ließen sich wohl in Dukaten verwandeln.

Aus der Badegeschichte Helgolands

Auch Bäder haben ihr ureigenes Schicksal. Man lese nur die Berichte über die Entdeckung der Heilquellen.

Da mischen sich Sage und Chronik; manche Erzählungen wollen von Wunderheilungen wissen. Durch sie wurde die Aufmerksamkeit der Zeitgenossen auf die Heilkräfte des Wassers gelenkt.

Die Entstehungsgeschichte des Nordseebades Helgoland ist im Vergleich mit den sagenhaften Entdeckungen in den Wäldern von Pyrmont, Wildungen oder Schlangenbad recht nüchtern. Und doch ist der Mann, der als Gründer des Helgoländer Badebetriebes gilt, Jakob Andresen *Siemens,* eine sehr interessante und kraftvolle Gestalt der deutschen Geschichte. Dieser Mann ist typisch für dieses Inselvolk und kennzeichnend für seine Zeit. Er bedeutet viel für Helgoland und nicht wenig für seine größere deutsche Heimat, obgleich er doch englischer Untertan war.

Ein schlichter Handwerker war er, klug, belesen und weitsichtig. Es könnte für Helgoland keinen würdigeren Repräsentanten geben als ihn.

Er wurde am 29. September 1794 geboren. Sein Vater, dem es die Helgoländer schwer verübelt haben, daß er die Insel für immer verließ, schickte ihn nach Tating auf der Halbinsel Eiderstedt, um ihn von einem Dorfschullehrer erziehen zu lassen. Später lernte Jakob Andresen Siemens auf einer kleinen Altonaer Werft das Schiffbauerhandwerk.

Ludolf *Wienbarg,* sein Zeitgenosse, ein Altonaer Schriftsteller, dem Kreise des »Jungen Deutschland« um Julius Campe in Hamburg zugehörig, rühmt die Erzeugnisse der kleinen Schiffswerft, die Siemens später auf Helgoland eröffnet hatte: »Er zimmerte hier kleine Schifflein, die freilich die besten Segler und Ruderer sind, die man sehen kann.« Und Wienbarg kennzeichnet mit wenigen Sätzen auch den ungewöhnlichen Unternehmungsgeist des Schiffbauers, der seine Boote »meist auf Spekulation« auf Kiel legt, eine Spekulation, die ihm niemals fehlschlägt und die er bestellter Arbeit vorzuziehen scheint.

Nach dem Zusammenbruch der napoleonischen Kontinentalsperre – Siemens hatte ihn miterlebt – mußten die Helgoländer eine lange Durststrecke zurücklegen. Die fetten Tage des großen Schmuggelgeschäftes, für das Helgoland ein fester Stützpunkt geworden war, waren nach der Niederlage Napoleons rascher vergangen als gekommen. Für viele der Schiffer, die wertvolle Ladung nach Holstein gebracht hatten, war Schmalhans schnell Küchenmeister geworden. Die Zukunft schien ungewiß. Siemens, der Schiffszimmermann, schlug vor, ein Seebad zu schaffen. Das war im Jahre 1826. Er war 32 Jahre alt. Er gründete eine kleine Aktiengesellschaft, ließ auf der Düne vier und auf dem Unterland zwei Badekarren auffahren, alles mit einem Kapital von 2000 Mark. Das war bescheiden genug.

Ein glücklicher Zufall verschlug 1833 einen zweiten wichtigen Mann nach Helgoland, den Badearzt *Dr. v. Aschen*, der mit guten ärztlichen Argumenten die Heilwirkung der Seeluft und des Seewassers vertrat und mit wachsendem Erfolg Erholungsbedürftige auf die Insel zog.

Obgleich v. Aschen ein Zugewanderter war, berichtet die Helgoland-Literatur über ihn: »Kein Bräutigam kann seine Braut so zärtlich lieben wie v. Aschen seine Insel.«

Siemens trieb seine Halluner Moats zu großer Rührigkeit an! Man ebnete Wege auf der Insel, man pflanzte im Schutze der Häuser Linden, Kastanien, Ulmen, Ahorn und sogar Rosenstöcke. Ein bescheidenes Konversationshaus wurde errichtet, davor ein Garten angelegt, so daß die Kurgäste sich wohlversorgt sahen. Auch die von den Dänen bereits 1796 erbaute Treppe zum Oberland wurde seitens der britischen Kolonialregierung 1834 erneuert. Nicht so sehr des jungen Seebades wegen, sondern einfach weil die alte Treppe schadhaft geworden war und weil auch der englische Gouverneur mit seinen Beamten und seinen Wachsoldaten ihrer bedurfte. Doch kam die neue Treppe den Kurgästen sehr zustatten.
Rasch geriet Siemens, ein schwieriger Charakter, mit seinen Landsleuten in Streit. Der Badearzt v. Aschen führte mit Geschick das Werk Siemens' fort, während sich Siemens anderen Problemen zuwandte. Er schlug in einer historisch interessanten Schrift, die bei Hoffmann & Campe in Hamburg gedruckt wurde, vor, Deutschland möge eine Kriegsmarine aus seiner Handelsmarine hervorgehen lassen, zum Schutze seiner Schiffahrtsinteressen. Damit griff der englische Staatsangehörige Siemens mit erheblicher Resonanz von Helgoland aus in die Entwicklung deutscher Politik ein, nicht unähnlich jenem Robert Miles *Sloman,* der – gleichfalls gebürtiger Engländer – später Hamburger Bürger und Alterspräsident der ersten gewählten Hamburger Bürgerschaft und deutscher Patriot wurde.
Als Schriftführer seiner Gemeinde suchte Siemens weniger das aufzuzeichnen, was der Gemeinderat ihm zu schreiben empfahl, als das auszusprechen, was ihn, den weltoffenen Mann, bewegte. Das konnte nicht lange gutgehen. Erfolg-

reich wirkte er als Abgesandter seiner Mitbürger in London, als es galt, den lästigen Brunshausener Zoll zu verlegen und bessere Zollmodalitäten in der Elbe zu schaffen.
Siemens starb im Zerwürfnis mit seiner Gemeinde am 19. September 1849 in London. Er war ein Opfer einer der damals so häufigen Choleraepidemien. Er ist auf dem Friedhof von Hackney beigesetzt worden. Nach seinem Tode verstummten seine Gegner auf der Insel. Seine überragenden Verdienste traten um so deutlicher zutage, so daß die Nachfahren ihm ein Denkmal setzten.
Ehe das junge Seebad sich versah, hatte es – nicht ohne Genehmigung des englischen Gouverneurs – sogar eine Spielbank, um wohlhabende Gäste anzulocken. Sir Henry *King* verpachtete diese Institution, eine Vorläuferin der heutigen Spielbanken von Westerland auf Sylt und Travemünde, und kassierte die Revenuen. Er war großzügig genug, sie der »Landschaft«, das war die Gemeinde, zu schenken, die daraus einige öffentliche Aufgaben finanzierte.
Während der Amtszeit des Gouverneurs *Pattington* kam es zwischen der Direktion der Aktiengesellschaft, die das Bad betrieb, und der Landgemeinde zu Reibereien. Zwar baute die Gesellschaft das Bad aus, doch blieben für die Gemeinde viele zusätzliche Aufgaben. Erst dem energischen Gouverneur Sir Henry Fitzhardinge *Maxse* gelang es, zugunsten der Gemeinde eine Entscheidung herbeizuführen: Die Seebadeanstalt wurde 1872 Gemeindeeigentum. Die Aktionäre fand man ab.
Dr. v. Aschen hing an der alten Lösung. Der junge Gouverneur jedoch hatte den längeren Arm. Auch arbeitete für den Gouverneur und seinen Plan die Zeit. Der Engländer, ein

Major, übernahm zeitweilig sogar die Leitung des Bades, er war also nicht nur der Vertreter der britischen Majestät, sondern gleichzeitig auch »Kurdirektor«. Auf seine Initiative geht der Neubau zahlreicher *Fremdenheime* zurück. So entstanden die schönen Häuser im englischen Kolonialstil. Die deutschen Gäste gewöhnten sich so sehr an diese schlichten und edlen Fassaden und an den gediegenen Zuschnitt der Räume, daß sie diese Häuser als typisch »helgoländisch« empfinden lernten und ihrem freundlichen Bild auch heute noch nachtrauern. Ein Warmbadehaus wurde errichtet, dazu – und das war ein Novum – eine *Schwimmhalle!* Außerdem war es dringend notwendig geworden, die technischen Einrichtungen zu verbessern und die Seewasserpumpen von Hand- auf Dampfbetrieb umzustellen.
Unglücklicherweise erlitt der Besuch des Seebades infolge allgemeiner deutscher Wirtschaftsschwierigkeiten in denselben Jahren, in denen Maxse auf Zuwachs gearbeitet hatte, einen erheblichen Rückschlag. Das kam den Anhängern der alten Gesellschaft gerade recht. Sie hatten nun Grund, gegen den wagemutigen Gouverneur zu opponieren.
Einige Ziffern aus jenen Jahren lassen die Krise deutlich erkennen. 1873 hatte Helgoland noch 2510 Badegäste. Diese Ziffer sank trotz stark erhöhter Aufwendungen 1876 auf 1540, statt steil anzusteigen.
Doch erlebte der tatkräftige Mann noch das Wiederaufblühen des Badebetriebes. 1880 registrierte er mit Genugtuung das Ansteigen der Gästezahl auf 4000. 1882 verließ er die Insel. Schon 1883 zählte man fast 6000, 1887 fast 10000 Gäste. Der Erfolg, auf den alle Verbesserungen berechnet waren, trat also mit einer kleinen Verspätung doch noch ein.

Maxse, dessen Ehefrau Schauspielerin an der Wiener »Burg« gewesen war, überraschte die Helgoländer noch mit einer weiteren Neuerung, die man ihm zunächst als Verrücktheit ankreidete: Er hatte den Spleen, ein *Helgoländer Theater* zu errichten. Auch hierfür gab es Vorbilder, wie das reizende Kurtheater in Bad Pyrmont.

Gegen ein Helgoländer Theater sprach die völlige Isoliertheit der Insel, dagegen sprach ferner die kleine Zahl der Einwohner und Gäste. Es gab auch einige gute Gründe, die dann später den beachtlichen Erfolg des gewiß nur bescheidenen Hauses bestimmten: Die Mehrzahl der Helgoland-Gäste gehörten den gebildeten Schichten an. Sie waren besonders dankbar für gute künstlerische Darbietungen, und diese guten Leistungen konnten ihnen, allen Kritikern und Zweiflern zum Trotz, auch tatsächlich geboten werden, weil namhafte Sänger und Darsteller sich gleichfalls von der Schönheit Helgolands angesprochen fühlten und den Einladungen zu Gastspielen willig folgten.

Leiter dieser Bühne wurde Karl Friedrich *Wittmann.* Sein Name hat in der deutschen Theatergeschichte keinen schlechten Klang. Er waltete immerhin von 1876 bis 1895 seines schwierigen Amtes und riskierte als einer der ersten deutschen Bühnenleiter – wenn nicht als erster – die in Italien verbreitete Institution der Gesamtgastspiele. Sein Wagnis glückte.

Da zu den Gästen des Helgoländer Theaters Joseph *Kainz*, Max *Devrient* und Else *Lehmann* zählten, ist es keineswegs abwegig, zu behaupten, daß auf Helgoland gutes Sommertheater gespielt wurde. Selbstverständlich nicht »en suite«, doch immer wieder in vielen sehenswerten Einzelaufführungen. Auch der Volksschauspieler Hans *Albers* erzählte gern, daß er seine erste Theatergage, ein Zwanzigmarkstück in Gold, am Helgoländer Kurtheater verdient hat.

Maxse, der diese Entwicklung des Helgoländer Theaters vorzeichnete, ist bei der Vielseitigkeit seiner Ideen und Leistungen durchaus zu den Pionieren und zu den frühen Reformern des Bäderwesens zu rechnen. Sein Theaterleiter, Karl Friedrich Wittmann, der publizistisch hervorgetreten ist und dessen Shakespeare-Bearbeitungen viel gespielt wurden, fand in der Künstlerin *Basté* eine tüchtige Nachfolgerin.

Eine einzigartige Eigenschaft Helgolands darf nicht unregistriert bleiben: Die Insel ist seit einer Entdeckung, die dem Kaufmann Otto *Schulz* zu seiner eigenen Erleichterung gelang, in den Wochen der Grasblüte eine Zuflucht für die Heufieberkranken. Denn im Meer wächst kein Gras – es sei denn: Seegras! Und diese Abart löst keinen Heuschnupfen aus.

Weil die Seeluft frei ist vom Pollenstaub blühender Gräser, kommen auf Helgoland die allergischen Schleimhäute der Heufieberkranken zur Ruhe. Jahr für Jahr flüchten diese Kranken, sofern es Zeit und Geldbeutel zulassen, auf den roten Fels. Zwar brachte das Oberland Gräser hervor, doch wurden diese Gräser vor der Bombardierung der Insel durch weidende Schafe kurzgehalten, so daß sie nicht blühten. Auch heute ist die Pollenausschüttung bei freier Entfaltung der Grasnarbe so gering, daß keine ernsthafte Belästigung der Kranken eintritt. Der Blütenstaub wird durch den immerwährenden Wind so rasch entführt, daß sich die Heufieberkranken ohne jede Peinigung auf der Windseite der Insel aufhalten und nachhaltig erholen können.

Für Heufieberkranke ist die Klimakur auf Helgoland wirksamer als selbst ein Aufenthalt in Pontresina. Ein hohes Lob für den Badeort Helgoland, doch nur eines von vielen!

Als Helgoland eingetauscht wurde

Die Zeiten des Kolonialismus sind vorüber. Angesichts dieser Tatsache nimmt es heute wunder, daß es auch im Deutschen Reich einmal Persönlichkeiten gegeben hat, die den Austausch Helgolands durch Verzicht auf Witu in Ostafrika und durch Aufgabe aller Ansprüche auf die Insel Sansibar als »zu teuer bezahlt« bezeichneten.

Man ist heute eher geneigt, die Engländer großzügig zu nennen, weil sie bereit waren, eine Insel in der Nordsee für ein kleines Sultanat im Indischen Ozean herzugeben. Noch Graf Hatzfeldt, preußischer Botschafter in London, hatte darauf hingewiesen, daß Großbritannien auf Helgoland nicht verzichten werde, da die Insel für militärische Operationen unentbehrlich sein könne.

Daß England Helgoland dennoch abtrat, kann als ein Beweis freundlicher Gefühle für das in Versailles neugegründete Deutsche Reich gedeutet werden. Man wollte in London Entgegenkommen zeigen und hoffte darauf, daß sich dieses Opfer lohnen werde. Sansibar und Witu wogen für die kleine Kolonialmacht Deutschland vielleicht schwerer als für das große britische Empire.

Natürlich interessiert in diesem Zusammenhang besonders der Übergang Helgolands vom britischen auf den deutschen Souverän. Tatsächlich tauschten die Majestäten »Helgoland nebst dessen Zubehörungen« persönlich untereinander aus. Nur für London hieß es: »vorbehaltlich der Zustimmung des britischen Parlaments«.

Dem Helgoländer Inselvolk sollten daraus allerdings keinerlei Nachteile erwachsen. Die Bewohner Helgolands waren vom deutschen Wehrdienst befreit. Die Gemeinde Helgoland wurde dem preußischen Landkreis Meldorf zugeteilt. Die Helgoländer Schiffe erhielten Befreiung vom Tönninger Hafengeld, die Kirchengemeinde durfte ihren Prediger selber wählen. Helgoland blieb Zollausland.

Damit Helgoland leben konnte, hatte der englische Gouverneur für die Inselgemeinde das Recht gehabt, Finanzzölle anzuordnen und zu erheben. Dieses Recht ging nun auf die Gemeinde über, die damit eine Sonderstellung unter allen deutschen Gemeinden einzunehmen begann.

Die Übergabe der Insel erfolgte nach dem für ähnliche Anlässe üblichen Zeremoniell. Es fand ein offizieller Festakt statt, ein Flaggenwechsel mit Reden und Hochrufen, eine kleine Parade, eine nicht ganz kleine Flottendemonstration.

An dieser Darstellung interessiert allerdings weniger das Protokollarische als das Exemplarische, nämlich das, was sich von der Routine unterscheidet. Erteilen wir einem Augenzeugen das Wort, dem angesehenen Badearzt Dr. E. Lindemann, dem wir gleichfalls ein schönes Helgoland-Buch verdanken. Lindemann schreibt zum 9. und 10. August 1890:

»Nun begann ein geschäftiges Treiben auf der Insel; Fremde

kamen, um die alten Briefmarken, um Grundbesitz aufzukaufen. Dieser Länderkauf wurde später für ungültig erklärt.

Noch sehe ich die englischen Kriegsschiffe zum letzten Male in den Hafen Helgolands einlaufen, erinnere mich, wie der letzte Gouverneur, Sir Barkley, nach der entscheidenden Sitzung im Auswärtigen Amt zu Berlin, als ich mit ihm eines Abends das Konversationshaus betrat und die Kapelle, wie immer, sofort »God save the Queen« zu spielen begann, anordnete, daß »Deutschland, Deutschland über alles« gespielt würde.« (Die Hymne, die Hoffmann v. Fallersleben auf dieser Insel gedichtet hatte.)

Lindemann fährt fort: »Ich sehe, wie die kleinen englischen Kanonen an der Südspitze herabgelassen wurden. – Am 9. August 1890 übergab der Gouverneur Barkley die Insel im Garten des Gouvernements offiziell an Se. Exzellenz den Staatsminister v. Bötticher. Am folgenden Tage, dem 10. August 1890, nahm der Deutsche Kaiser unter dem Salut der auf der Reede ankernden Kriegsschiffe feierlich von der Insel Besitz.«

Einer größeren inneren Umstellung der Helgoländer bedurfte es nicht. Schon immer hatten sie neben ihrer Inselsprache deutsch gesprochen, überwiegend ein Schifferplattdeutsch. Als Zahlungsmittel galt neben der britischen früher auch die hamburgische Währung, wie überhaupt die Bindung Helgolands an Hamburg seit alters her überaus eng und herzlich gewesen ist, mochten sich die Helgoländer Fischer auch bisweilen in einen Streit mit dem Pächter der von Hamburg errichteten Feuerblüse eingelassen haben. Das lag aber weit zurück, vor der Zeit des Leuchtturmbaues, und dieser Streit

war verständlich, da der Feuerschein der Blüse nicht nur den Schiffen ihren sicheren Weg gewiesen und Strandungen verhindert, sondern durch Funkenflug auch die Strohdächer der Fischerhäuser bedroht hatte.
Leider hat sich eine hübsche Geschichte von der Überleitung des Helgoländer Postamtes aus den englischen in die deutschen Hände als Märchen erwiesen. Tatsache ist, daß Helgoland eine Serie schönster eigener Briefmarken besaß, die so edel geraten waren, daß sie geradezu »zum Wappen der internationalen Philatelie« erhoben worden sind. Diese alten Helgolandmarken traten mit der Übergabe der Insel an das Deutsche Reich von einem Tage zum anderen außer Kurs. Wie konnte das anders sein.
Nun erzählt der sonst wohlinformierte Hartmuth Merleker, wenn auch unter einem Pseudonym, in der Zeitschrift »Merian«, daß der Postmeister von Helgoland mit seinem Gehilfen am letzten Tage der englischen Herrschaft nach Schalterschluß den ganzen Markenrest zum Nennwert aufgekauft habe. Als am nächsten Tag Kasse und Markenbestände abgerechnet werden sollten, sei keine einzige Briefmarke mehr vorhanden gewesen, wohl aber eine auf Heller und Pfennig abgestimmte Bargeldkasse.
Diese Erzählung weitet sich zur Romanhandlung, da ein Briefmarkenspekulant die Druckstöcke dieser Marken erworben haben soll, um sehr bald für den lebhaften Bedarf der Philatelisten auf schlechtem Papier und mit noch schlechteren Farben zahllose illegitime Neudrucke – Falsifikate also – herzustellen. Dadurch entging dem Postmeister, der den ganzen Rest der echten Helgoland-Briefmarken an sich selber verkauft hatte, der erhoffte Gewinn.

Merlekers hübsche Fabel wurde jedoch von den Nachfahren des von ihm namentlich genannten Postmeisters gelesen. Sie berichtigten diese Fabel ganz eindeutig: Ihr Vorfahr hatte schon zwei Jahre zuvor die Insel verlassen!

Man sieht, wie schwer das Amt des Chronisten sein kann. Hätte er es unterlassen, den Namen des Postmeisters zu nennen, so wäre kein Einspruch der Nachkommen erfolgt. Die Erzählung selber wäre dann als hübsche Wahrheit in die Geschichte der Insel eingegangen.

Unbestreitbar bleibt die Kostbarkeit der alten Helgoländer Postwertzeichen, unbestreitbar ist auch, daß es in den Tagen des Übergangs um sie ein großes »Geriß« gegeben hat.

Der alte und der neue Badeort

Wer Helgoland liebt, braucht in seinem Urteil über die Insel den eigenen Überschwang nicht zu unterdrücken. Es gibt keine objektive Meinung. Jede Meinung, auch die beste, ist subjektiv!

Und so behaupte ich in aller Subjektivität, doch mit guten Gründen: Der Badeort Helgoland, diese einzigartige insulare Siedlung, ist heute schöner denn je, schöner als alle anderen Badeorte. Das neue Helgoland ist eine moderne Kleinstadt aus einem Wurf, hervorgegangen aus einer in sich geschlossenen Baugesinnung, sie hat ihresgleichen nicht. Sie ist etwas Ganzes und doch beileibe nicht uniform. Sie offenbart den Stil unserer Zeit und ist dennoch zeitlos. Sie trägt dem Charakter der Insel Rechnung und vermeidet jedes Plagiat, jede Imitation der Vergangenheit.

Als ich in einer Fachzeitung der Bäderwirtschaft über das im Entstehen begriffene neue Helgoland berichtet und sehr frei meine Meinung vorgetragen hatte, sprach mich bei meinem nächsten Besuch der Bürgermeister der Gemeinde, Henry Peter Rickmers, schon auf der Landungsbrücke an. Rickmers war einer der Dirigenten und ein Motor des Wiederaufbaus. Er sagte: »Ich bin Ihnen für diese Meinungsäußerung sehr dankbar. Gerade weil sie in einer Fachzeitung veröffentlicht wurde. Es wird ganz gut sein, in der nächsten Sitzung der Gemeindevertreter verlesen zu können: ›Helgoland – das modernstse Nordseebad!‹ Sie wissen«, meinte er lächelnd, »es gibt immer noch viele, die dem Alten nachtrauern und die sich an das Neue nicht gewöhnen können.«

Über Gefühle kann man gewiß nicht streiten. Das zu unterlassen, gebietet – besonders in diesem Falle – die Pietät. Kein Vogel möchte das Nest, in dem er flügge geworden ist, verändert sehen. Helgoland war das Nest dieser Alten. Jede Veränderung der Insel bedeutete im Gefühlsleben dieser einfachen Menschen einen Abschied von einem Teil des eigenen Lebens. Auch das Unzulängliche, sogar das Häßliche an Helgoland hatte durch das Erlebnis seinen Erinnerungswert erhalten. Dieser Wert war, einmal zerstört, nicht wiederherstellbar.

Solange die neuen Häuser noch nicht standen, konnte man von den alten träumen. Wächst auf den Trümmern des Alten Neues, so ist dieser Prozeß, bis zur Eingewöhnung, schmerzlich. Manche Helgoländer sagten über das Neue zunächst: »Das ist doch nicht mein Haus! Mein Haus war anders!« Und so bestätigte es sich: Erst wenn die Baulücken geschlossen sind, und auf dem alten Grundriß steht ein neues Haus, das anders ist als das alte, erscheint der Abschied vom Alten endgültig.

Das alte Helgoland war nicht nur schön, es war auch unschön. Niemand will die versunkenen Werte gering schätzen. Auch das alte Helgoland war einem häufigen Wandel unterworfen. »Die Stadt« oder »das Dorf« – die Halluner bedienen sich beider Begriffe – hat wiederholt »Gründerjahre« erlebt. Nur erfolgten diese Wandlungen schrittweise, niemals radikal. Helgoland erlebte sie, als die Insel während der Kontinentalsperre mit einem Schlage reich und etliche Helgoländer übermütig geworden waren. Da begannen einige, die ihrer Hütten müde geworden waren, üppiger zu bauen, als es der Sitte entsprach.

Dann regte sich nach der Gründung des Bades neue Baulust,

und das wiederholte sich in den fetten Jahren des Wilhelminischen Reiches. Gerade diese Gründerjahre haben in der Architektur vieler alter Städte auf dem Festlande ihre schlimmen Spuren hinterlassen. Bausünden ereigneten sich landauf, landab. Sie wucherten auch auf Helgoland.

Unsere Erinnerung an die einzigartige Schönheit Alt-Helgolands klammert sich an jene ehrwürdigen Teile der Stadt, die wirklich alt waren: An die Fischerhäuser in den Seitengassen, nicht an die Bausünden der Übergangszeit! Unsere freundlichen Erinnerungen beziehen auch etliche Bauten aus der englischen Zeit ein, die im Kolonialstil errichtet waren und Zeugnisse gesunder Bau- und Lebenskultur gewesen sind. Diese guten Erinnerungen nehmen aber alle jene drei- und vierstöckigen Etagenhäuser aus, die wie großstädtische Festlands-Miethäuser wirkten, keinerlei Stil hatten und nicht die geringste Beziehung zum Inselcharakter zeigten. Auch ein Teil der Staatsbauten auf Helgoland, darunter die Kasernen, waren, wenn schon nicht häßlich, so doch der Insel kaum angemessen. Sie hatten nichts von der Eigenwüchsigkeit der Landessprache, schon gar nichts Friesisches. Sie ließen fast jede Gebundenheit an die Geschichte und an die Tradition der Insel vermissen. Auch das muß – bei aller Zuneigung zum alten Helgoland – einmal freimütig bekundet werden. Erst wenn die Rückschau notwendige Unterscheidungen vollzieht, werden wir der Vergangenheit in ihrer Vielfalt wie in ihren Widersprüchen gerecht.
Ich erinnere mich vieler Eindrücke, die uns erfüllt haben, wenn wir damals nach Monaten der Trennung die Insel wiedersahen. Das erste, was uns bewegte und glücklich

stimmte, war immer: Die geliebte Kulisse des roten Felsens! Helgoland! Helgoland!
Dann hoben sich die ersten Einzelheiten ab: Der Leuchtturm und die Kirche auf dem Oberland! Der weiße Streifen der Düne! Die Firstlinie der Häuserzeile am Falm und das breitgelagerte graue Band der Logierhäuser am Strandweg! Wir grüßten die englischen Fassaden! Gleichzeitig wußten wir von den versteckten Fischerhäusern und Buden in den Seitengassen – doch wir übersahen alles, was Talmi war! Die echten Töne klangen stark in uns wider, die unechten und falschen ignorierten oder überhörten wir! Unser Inselerlebnis konnte durch sie nicht getrübt werden.
Daß die alten Fischer- und Lotsenhäuser dahin sind, ist ein großer Jammer. Ihr Bild wollen wir immer wieder beschwören. Da jedoch so gut wie alle Wohnhäuser der Insel heute auf den Badeort und nicht mehr auf den sehr bescheidenen Lebensstil alter Zeiten zugeschnitten sind, mußten auch die Architekten mit anderen Wohneinheiten, anderen Lebensbedürfnissen und anderen Funktionen der neu aufzurichtenden Häuser rechnen.
Jedes dieser neuen Häuser sollte ein oder zwei Zimmer mehr umfassen, nicht nur den einen aufgestockten »Sahl«. Die Erneuerer mußten mehrstöckig bauen und mußten die Häuser dennoch der breiten Kante des Oberlandes anpassen. Sie mußten dem Winddruck ausweichen, also flach bauen, und kamen so zum abgeschrägten geräumigen Dachgeschoß. Sonderlösungen, wie die kraftvoll erdfarben getönten Hummerbuden, sind heute das große Entzücken der alten wie der neuen Gäste. Diese Hummerbuden sind bei aller Einfachheit ihrer Form, in der Fluchtlinienführung und in ihrer Grup-

pierung schlechthin meisterhaft. Sie treffen den Charakter Helgolands so glücklich, daß sie das Inselbild verschönen und bereichern. Sie trösten den Liebhaber über manchen Verlust vergangener Werte hinweg. Unter den Planern und Baumeistern des neuen Helgolands sind u. a. mit hohem Respekt zu nennen Otto Bartning, Georg Wellhausen, Bunje, das Ehepaar Spengelin, Hübotter, Ledeboer, Romero, Hassenpflug und Gutschow.

Stets war Helgoland reich an Gassen und Winkeln, an überraschenden Perspektiven, Durchblicken und Überschneidungen. Dieser Reichtum ist heute größer denn je. Die Gliederung der neuen Stadt ist aber auch funktionsgerecht. Sie fängt den Wind. Sie schafft unter offenem und freien Himmel das, was wir Räume nennen, kleine Plätze, durchaus keine sentimentalen Idyllen, wohl aber natürliche Lebensbedingungen für ein Wachstum, um das auch der Gründer des Bades, Siemens, so leidenschaftlich gerungen hat: Möglichkeiten für das Wachstum der Bäume, die Schutz brauchen.

Es ist kennzeichnend, daß die Helgoländer wegen ihrer Armut an frischem Grün den Begriff »Bäume« von alters her auf die eifrig gehegten Topfpflanzen ihres Wohnzimmers übertragen haben. Der neue Baumwuchs ist der roten Inselerde mit durchaus legitimen Mitteln des Städtebaus abgelistet worden. Und diese List ist vom Inselwetter und vom Inselklima offenbar angenommen worden. Die Insel ist reicher geworden. Neben den Staudengewächsen blühen wieder – kräftiger als zuvor – Kastanie, Linde, Ulme und Ahorn.

Die alten Fischerhäuser

Doch es lohnt, noch ein Wort mehr über die alten Fischerhäuser zu sagen. Das ist kein oberflächlicher Gruß an das Gestrige, sondern eine Beschwörung der alten Lebensgesetze, eine Erinnerung an die Kargheit und Härte des Daseins, die den Helgoländer Menschen und seine Familien durch viele Generationen geprägt haben. Mit Recht sind diese Fischerhäuser ein Stück der Inselgeschichte. In der Mehrzahl waren sie einstöckig, ausgesprochen niedrig und standen durchweg auf sehr kleinen Grundflächen. Spitzdächer waren üblich, die früher mit Reet, später mit Ziegeln gedeckt wurden. Die Dächer waren Regenfänger. Sie gaben das Regenwasser durch hölzerne Rinnen in große Regentonnen ab, aus denen das Trink- und Waschwasser geschöpft wurde. Wehe dem, der das Wasser in diesen Regentonnen trübte! Sicherer war die Hütung des eigenen Wasservorrates in der gemauerten Zisterne, die sich in der Küche oder nicht selten auch unter dem Fußboden der Stube befand. Benno Eide *Siebs* beschreibt eingehend, wie beengt die Wohnung der Helgoländer Fischer war: Sie enthielt Diele, Wohnstube mit Wandbett, Küche und einen winzigen Nebenraum.

Das großmächtige Wandbett war oft zweistöckig: oben das Elternbett, unten die Schlafstätte der Kinder. Der Herd war offen und ließ die Beheizung des Stubenofens von der Küche aus zu.

Als es auf der Düne noch Lehm gab, nahm man ihn, um den Fußboden der Küche und der Diele daraus zu stampfen. Oder man nahm Klinker.

Der Kastenofen war mit gußeisernen Platten versehen, die figürlichen Schmuck, oft biblische Szenen, trugen. Die gedrungenen Maße des Schornsteins werden sofort verständlich, wenn man sich erinnert, daß darin ein Teil des Fischfangs geräuchert wurde.
Rückblickend empfinden jüngere Menschen gelegentlich den Kachelschmuck der Stubenwände alter Fischerhäuser als besondere Kostbarkeit, wenn nicht gar als Ausdruck des Wohlstandes. Diese Kacheln waren gewiß schön, und ihre naiv gestalteten »Bilder« waren sicherlich Erzeugnisse guter Volkskunst, doch waren sie andererseits, was viel wichtiger schien, auch zweckmäßiger und haltbarer als alle Tapeten. Tapeten hielten der Luftfeuchtigkeit des Inselklimas einfach nicht stand. Auch die innere Wandbekleidung mußte wetterfest sein.
Wenige gutgeformte Gegenstände genügten vollauf, um die Stube des Fischerhauses ansehnlich und auch wohnlich zu machen: Da gab es eine Truhe, einen Wandschrank, ein Bord mit Geschirr oder Messinggerät, darunter eine alte Schiffslampe, eine Lichtschere. Fast jeder Fischer besaß Altväterliches. Das alles, ergänzt durch ein paar Gardinen, Volants und Blumenstöcke, von liebevoller Frauenhand geordnet, verbreitete Behaglichkeit.
Die Fischer waren die längste Zeit ihres Lebens fast arm, aber sie wirkten dennoch reich, weil ihre Häuser, so klein sie auch sein mochten, Schmuckkästchen waren und Wärme ausstrahlten.
Obgleich schon an anderer Stelle von der Helgoländer Küche gesprochen wurde, sei hier noch das häusliche Festmahl der Helgoländer, der »Ombolk«, genannt, ein Gewürzkuchen

aus Mehl, Wasser, Butter, Zucker, Rosinen und Pflaumen, recht derb also, gebacken in einer Form und häufig mit einer eingebackenen Möwe oder Lumme, diese wieder gefüllt oder eingebacken in Reis oder Gerstengrütze.
Eine Art Nationalgetränk mischen die Helgoländer Männer aus Rum und Bier, dazu nach Gusto Zucker. Während die Männer dieser Mischung herzhaft zusprechen, halten sich die Frauen mehr an den Tee, der kräftig gesüßt und dazu mit Safran gewürzt wird.
Eines ist auch im neuen Helgoland erhalten geblieben, selbst wenn die Abmessungen der kleinsten Häuser nicht wiedergekehrt sind: Das ist *die kleine Form* an sich. Helgoland kennt kein großes Hotel, kein Hochhaus – mit Ausnahme des Flakturms –, keine große Speisehalle. Auch das Kurhaus ist wohl ansehnlich und formschön, doch wahrt es die mittlere Größe.
Logierhäuser, Grogstuben, Bars sind wohl in der Saison bis auf den letzten Hocker oder bis auf das letzte Bett besetzt. Doch gibt es auf die Dauer keinen Massenbetrieb, selbst wenn die Zahl der Tagesgäste für einige Stunden auf 6000 bis 8000 steigt. Sie alle verteilen sich rasch. Und daß sie mittags sich auf dem »Lung Wai«, der früheren Kaiserstraße, zum bunten Gewimmel häufen, gehört zum heiteren Gesamtbild des Inseltages. Selbst dieser Trubel verhindert es nicht, daß immer wieder rasch der Eindruck und die Stimmung der Intimität hergestellt werden. Es gibt kein intimeres Bad als Helgoland, keines, das auch in seinem technischen Komfort so gleichmäßig modern ist. Nur die Abmessungen mancher Fremdenzimmer sind bescheiden. Die Zahl der Duschnischen und Badezimmer wird schrittweise erhöht.

Das Mekka der Ornithologen

Niemals in meinem Leben werde ich jene Frühlingsnacht auf Helgoland vergessen. Die Sonne hatte es tagsüber gut gemeint. Die Luft, die über der Insel ohnehin viel milder ist, als man es sich auf dem Festlande vorstellt, war ungewöhnlich warm gewesen. Gegen Abend wurde es kühler. Diesig erst. Dann schob sich ein mächtiges Nebelfeld heran und bedeckte den Fels wie mit einem weißen Tuch.

Das Meer schien zu verdunsten und als Dampf in die Lüfte aufzusteigen. Plötzlich gab es keinen Horizont mehr. Der Wasserdampf verdichtete sich zu einem Schleier, der jede Sicht zur Düne hinüber nahm. Die Wolken drängten so nahe, als gäbe es überhaupt keinen Himmel mehr. Die Felsenkante war längst verschwunden.

Die »Seekuh«, das mächtige Nebelhorn, brüllte stärker als die großmächtigste Kirchenorgel. Die Luft dröhnte von ihrem Gebrüll.

Es dunkelte rasch. Noch kreisten mit 5 Millionen Kerzen Lichtstärke drei riesige Lichtarme des Scheinwerfers hoch vom Leuchtturm des Oberlandes. Sie verbreiteten eine Helligkeit, die bei Nacht eine Entfernung von 23 Seemeilen – das sind 40 Kilometer – überbrückt und damit einen großen Teil der deutschen Bucht beherrscht.

Diese fast magischen Strahlenbündel sind Ruf und Warnung, Orientierung und Sicherheit. Von ihnen strahlt eine so starke Suggestion aus, daß ich bei meinen Besuchen auf der Insel Abend für Abend auf die Mole oder auf die Landungsbrücke gehe, um immer wieder das Schauspiel des kreisenden Lichtes zu erleben.

An diesem Abend wurde das harte, klare, feste, gezielte und selbstsichere Licht plötzlich weich und diffus. Es verschwamm, schien im Nebel zu ersticken und war nichts mehr als ein Aufzucken geheimnisvoller Feuer, die im Wasserdampf verlöschen wollen.

Wir waren zu Bett gegangen. Kaum schliefen wir, da hob in der Luft ein wildes Geschrei an. Vogelrufe! Erst vereinzelt – dann wurde das Geschrei zum Klageruf, zum Kinderschrei, zum Heulen und Jammern der Lüfte. Es vereinten sich Hunderte und bald Tausende von verzweifelten Kehlen zu einem wilden Chor.

Wir fanden keine Ruhe mehr. Wir standen beklommen auf, obgleich es bald Mitternacht war, und kleideten uns an, wollten unsere Hauswirte wecken, fanden diese aber schon in der Küche, so daß wir mit unserem Gastgeber zu dritt vor das Haus traten und den Weg zum Leutturm suchten.

Was war geschehen? Mächtige Vogelzüge strebten vom Süden über das Meer nach Skandinavien hinauf. Immer berührten diese Vogelzüge oder doch Teile von ihnen, gewaltige gefiederte Armaden, die Insel, rasteten hier, suchten vielleicht auch eine Pfütze Süßwasser. Die Insel lockt sie, wie sie Menschen lockt. Sie ist für den Instinkt der Zugvögel ein Wegweiser. Sie gibt auch ihnen Sicherheit.

Nun hatte der Nebel die großen Vogelschwärme überfallen, er hatte ihnen Sicht und Sicherheit genommen. Man sagt, die Vögel orientieren sich bei Nacht nach den Sternen. Die waren erloschen.

Sie sahen das Licht des Leuchtturms, das verändert war und das sie nach der Veränderung durch den Nebel nicht mehr

richtig einzuschätzen wußten. Sie flogen zu Hunderten und aber Hunderten in voller Fluggeschwindigkeit auf die Lichtquelle zu, wurden geblendet und stießen mit den Köpfen gegen die Laterne, sie schossen blind gegen Wände von Glas oder unmittelbar neben der Lichtquelle gegen Metall und Stein und zerbrachen Schnabel und Schädeldecke.
Das wilde Geschrei in den Lüften war nichts anderes als der Todesschrei der erschrockenen Kreatur.
Wir erlebten in dieser Stunde eine Naturkatastrophe, einen großen, furchtbaren Untergang. Das Gelände am Leuchtturm war übersät mit toten und sterbenden Vögeln, nach denen sich Männer und Frauen bückten. Sie konnten mit Händen gegriffen werden. Eine leichte Beute. Jemand sagte, als er unser Entsetzen fühlte: »Heut brauchen wir keine zu schießen. Sie sind ja doch hin.« Nach diesem Erlebnis habe ich das Wort der Männer in der Helgoländer Vogelwarte, die am Rande der Sapskuhle steht, lange nicht begreifen wollen, das Wort: »Helgoland ist das Mekka der Ornithologen.«
Und doch besteht dieses Wort zu recht. Helgoland ist eine Vogelinsel. Seine Vogelwarte ist eine wissenschaftliche Station von internationalem Ruf und außerordentlicher Bedeutung, eine ernste und wichtige Forschungsstätte, der es gelungen ist, der Natur große Geheimnisse, vor allem das Geheimnis des Vogelfluges, zu entreißen.
Ein Laie war es, der den Gelehrten sensationelle Fingerzeige gab. Dieser Amateur-Ornithologe war der Kunstmaler Heinrich *Gätke*, ein Naturfreund, der sich autodidaktisch auch zu einem bedeutenden Vogelkenner ausgebildet hatte. Er schrieb über die Vogelzüge, die im Frühjahr und im Herbst die Insel berührten, ein Buch. Seine Schrift veranlaßte

dann die Gelehrten, Gätkes Hinweise methodisch zu analysieren und fortzuentwickeln.
Gätke war in sehr jungen Jahren 1837 erstmals auf die Insel gekommen. Sein bahnbrechendes Buch erschien 1891. Dazwischen lagen Jahrzehnte eifervoller, ja fast besessener Beobachtungen, Studien, Vergleiche und Ermittlungen. Der Amateur-Ornithologe Gätke baute eine wertvolle Vogelsammlung auf.
1910 wurde die Vogelwarte Helgoland zur selbständigen Abteilung der Biologischen Anstalt auf der Insel, deren Entstehungsgeschichte so eng mit dem Namen Ernst *Haeckels* verknüpft ist.
Man begann, den Vogelflug exakt zu studieren und legte in der sagenumwobenen Sapskuhle auf dem Oberland einen Fanggarten an. Diese Kuhle bot Schutz, um ein winziges Gehölz anlegen zu können, in das die Zugvögel nach langem Flug übers Meer gern einfielen. Dabei gerieten sie in Fangreusen, wurden gegriffen, von Mitarbeitern der Vogelwarte beringt, registriert und der Freiheit zurückgegeben. Die Zahl der hier beringten Vögel geht in die Millionen. Bei 40000 bis 50000 Vögeln wurden Rückmeldungen erstattet. Aus diesen Meldungen entwickelte man das System der Vogelflüge, von ihnen las man die große Teile des Kontinents umschließenden Vogelfluglinien ab. Mit ihrer Hilfe vermochte man in einen wesentlichen Teil der Lebensgesetze vieler Vogelarten einzudringen.
Drost schildert einen Rekordtag des Helgoländer Vogelfangs. Nach diesem Bericht gliedert sich der Fang von 1510 Exemplaren nach folgenden Arten auf: 760 Singdrosseln, 550 Rotkehlchen, 66 Rotdrosseln, 57 Buchfinken, 23 Bergfinken,

22 Ringdrosseln, 9 Mönchsgrasmücken, 5 Gartenrotschwänzchen, 5 Zilpzalpe, 3 Heckenbraunellen, 2 Rohrammern, 2 Erlenzeisige und je einen Wiesenpieper, Raubwürger, Trauerfliegenfänger, Teichrohrsänger, Amsel, Zaunkönig.

Neben diesem Reichtum an durchziehendem Vogelleben ist die Insel allerdings an eigenen Beständen arm. Und doch ist auch der Helgoländer Lummenfels eine ornithologische Kostbarkeit. Alljährlich brüten am Kastealhorn in den Galerien der vom Wind ausgeblasenen Kratersandschichten 2000 Paare dieser pinguinähnlichen Seevögel. Sie legen in die Felsspalten je ein Ei und füttern das ausgekrochene Junge mit kleinen Fischen. Dann locken die Eltern, vor dem Lummenfelsen schwimmend, das herangewachsene Nesthäkchen zärtlich zum »Lummensprung«, der ein Sprung ins Ungewisse ist. Doch die Jungen wagen, eines wie das andere, diesen Sprung ins Leben.

Haben die Jungen das Tauchen und Fischen gelernt, so verlassen sie die Insel und kehren im nächsten Jahre für einige Monate wieder.

Auch die Düne kennt einen seltenen gefiederten Gast: die grünköpfige Schafstelze. Sonst suchen nur die Möwen an ihrem Strand nach Nahrung.

Ganz am Rande: Auch Sperlinge gibt es auf Helgoland. Sie schienen mit den Bewohnern evakuiert oder waren sämtlich dem Luftdruck der explodierenden Bomben zum Opfer gefallen. Mittlerweile sind sie als blinde Passagiere mit einem der ersten Heimkehrertransporte gleichfalls zur Insel zurückgekehrt und führen sich so auf, als hätten sie die Insel nie verlassen.

Unterland, Ostseite, 1908

M. S. »Königin Luise« vor Helgoland, 1936

Der Südstrand

Fotos: F. Schensky

Zweimal Althelgoländer Fischerhäuser auf dem Oberland

Fotos: E. Lüth (oben), F. Schensky (unten)

Blick vom Oberland

Foto: D. Lerch

Die Sprengung der Insel am 18. April 1947 *Foto: Royal Air Force*

Die Helgoland-»Invasion« am 20. Dezember 1950.
Georg von Hatzfeld und René Leudesdorff hissen die Europaflagge auf der zerstörten Insel. Dies' ist das einzige Foto des historischen Ereignisses.
Foto: dpa

Blick von der Landungsbrücke in den »Lung Wai«

Helgoländer Leuchtfeuer bei Nacht

Fotos: H. O. Cohrs

Standquartier für Meeresforschung

Schon in den Jahren der Zugehörigkeit Helgolands zum britischen Empire war die Insel ein viel besuchtes Standquartier der Meeresforschung gewesen. Die spätere Staatliche Biologische Anstalt hat sich zu einem geradezu klassischen Institut von hohem internationalen Ansehen entwickelt. *Ehrenberg* soll auf Helgoland schon 1835 im Noctiluca miliaris den Urheber des Meeresleuchtens gefunden haben, eine Entdeckung, die auch mit einem Besuch Alexander v. Humboldts auf Helgoland in Verbindung gebracht wird. Johannes *Müller* entwickelte auf der Insel sein Planktonnetz und öffnete durch seine Forschungsergebnisse den Zugang zur phantastischen Welt der Infusorien und anderer Kleinlebewesen.

Eine neue »Völkerkunde« des belebten Meeres begann zu entstehen – reicher als die Völkerkunde der Fische und Krebse, und doch mit ihrem Dasein innig verwoben. *Frey, Leuckart,* Max *Schultze* und *Haeckel* kamen nach Helgoland.

Ein frühes Foto aus dem Jahre 1865 zeigt eine Gruppe von sechs Meeresforschern, alle sind ausgerüstet mit dem Müllerschen Planktonnetz. Ihre Namen erscheinen uns auch heute noch als eine Blütenlese der Fachgelehrten, die – einer wie der andere – hohen Pionierrang beanspruchen dürfen. Es sind der Stettiner D. Anton *Dohrn,* der Jenenser Professor Ernst *Haeckel,* der Italiener Dr. Pietro *Marchi* aus Florenz, der Holländer Dr. *Salverda* und Dr. H. *Greef* aus Bonn.

Auf Helgoland wurde sehr früh die reine Wissenschaft, die Forschung also, mit den praktischen Nutzanwendungen auf die Fischereibiologie verbunden. Mit der Einführung der Fischdampfer im Jahre 1878 wuchsen die Gefahren für den Fischbestand, denen nur mit Hilfe exakter wissenschaftlicher Analysen und praktikabler Maßnahmen begegnet werden konnte. Wollte man den »Raubbau an den natürlichen Schätzen des Meeres« unterbinden, so mußte man wissen, aus welchen Kräften die Bevölkerung des Meeres lebte und sich erneuerte. Vorschläge für die Einrichtung von Schon- und Sperrgebieten sind in der Staatlichen Biologischen Anstalt auf Helgoland erarbeitet worden. Diese Anstalt wertete u.a. auch Erfahrungen aus, die man nach dem ersten Weltkrieg sammeln konnte, als der Fischfang in der Nordsee weitgehend eingestellt worden war. Wenige Jahre der Schonzeit hatten ausgereicht, um die Bestände der Nordsee an Schollen wieder zu verdoppeln und zu verdreifachen. Man kam zu planwirtschaftlichen Erkenntnissen für die Fischerei, die in mancherlei Hinsicht an die »Hege« des Wildes in der Forstwirtschaft erinnern. Nur geht es in der Fischerei um andere Größenordnungen. Es geht um die Lebensgrundlage weiter Küstengebiete, um riesige Fangflotten, um Millionenwerte, um einen harten Lebenskampf aller Beteiligten, um eine ausgesprochene Erwerbswirtschaft, die angesichts des Fischreichtums der Meere mit gewaltigen Investitionen arbeitet, die sich rentieren sollen.

Zwar versuchte man, dem Rückgang der Ergiebigkeit mancher Fangzonen mit verbesserten technischen Methoden zu begegnen und geriet dennoch in das biologische Zwielicht des Raubbaus. Da der Kampf der Fangflotten um ihren Beuteanteil auch ein harter internationaler Wettbewerb war, gelang es nur schwer, die Erwerbsfischerei soweit zu disziplinieren, daß man dem Fisch Gelegenheit bot, sich zu erholen. Hier sind die Fischerei-Biologen die besten Helfer der Politiker. Ihrer Beweisführung gelang es in weltweiten Planungen, auch den Walfang zu kontingentieren, um einer Ausrottung dieses maritimen Großwildes vorzubeugen. Ähnliche Aufgaben haben Fischerei und Meereskunde auf vielen anderen Gebieten auch regional zu bewältigen.

1902 wurde auf Helgoland als Teil der Biologischen Anstalt das *Aquarium* eröffnet, eine Stiftung des großen Helgoland-Freundes M. *Oppenheim.* In diesem Aquarium, einem gläsernen Zaubergarten des Meeres, gewinnen Zehntausende von Besuchern Einblick in die Lebensverhältnisse der Haie, Rochen, Tintenfische, Seehasen, der Heringe, Makrelen und Plattfische. Sie beobachten steinalte von Seepocken und Seenelken besiedelte Hummer, entdecken in den Bassins Seeigel und andere geheimnisvolle Wesen und studieren die feierlichen Bewegungen der Kompaßquallen.

Studienobjekt der Biologischen Anstalt ist selbstverständlich auch die maritime Küstenflora, die auf der Brandungsterrasse vor Helgoland in den Algengärten und in den Tangwäldern in einzigartiger Fülle gedeiht.

Auf diesem Forschungsgebiet kann jeder Wanderer im Felsenwatt seine eigenen Exkursionen machen und sich mühelos eine gute Spezialkenntnis der Braunalgen, des Blasentangs, der Kalkalgen und des Palmentangs aneignen. Die »Knüppel« des Palmentangs wurden früher von den Fischern in großen Mengen in den kleinen Gärten auf Leinen getrocknet und für medizinische Zwecke aufs Festland versandt. Die Heilmittelindustrie stellt daraus Quellstifte zur Offenhaltung von Wundkanälen her.

Die Greiforgane des Tangs, der vor Helgoland angeschwemmt wird, erinnern an Hände oder kurze knorrige Wurzeln. Sie halten fast immer einen kleinen Felsbrocken umklammert, der ihnen im Gezeitenstrom Halt gab, bis sie bei rauhem Wetter durch die Macht der Grundseen losgerissen und an die Brandungskante gespült wurden.
Für diese reiche Flora, in der auch viele Fische und Kleinlebewesen ihre Heimat finden, ist der unterseeische Felssockel der Insel ein Paradies, wie man es sonst nur in den Korallengärten des Südens findet.
Hier sind auch die Nistplätze der Seestichlinge, der Moostiere, der Aalmutter und der merkwürdigen Seeteufelchen.
So ist Helgoland wirklich ein Dorado der Naturfreunde, ein einzigartiges Fabelreich schwimmender Wiesen und Wälder.

Neue Wege, seltene Pflanzen

Früher haben auf Helgoland die Schafe vieles gefressen, was Unkraut zu sein schien und doch seltenes Gewächs war. Von den wetterharten Wildgräsern wollen wir nicht reden. Man mußte schon die Bescheidenheit eines Schafes besitzen, um sie zu fressen und dennoch leidlich satt zu werden. Aber es gab etliche botanische Raritäten, die dadurch, daß sie den Weg in den Schafsmagen fanden, den Botanikern – Professionellen wie Amateuren – verlorengingen. Dazu zählten der leuchtend gelb blühende wilde Kohl, die wilde Runkelrübe und die Pfeilkresse.

Das von Schafmäulern kurzgehaltene Gras deckte eine leicht geneigte Ebene. Diese Decke aus Gras wirkte karger und eintöniger, als es der schönen Insel zukam. Das hat sich nach den bitteren Schicksalstagen der Bombardierung gewandelt. Wir sprachen schon von der Miniatur-Gebirgslandschaft, in die sich nun neue Wege sinnvoll, behutsam und mit überraschender Natürlichkeit einfügen.

Ein Baukundiger, der gleichzeitig Landschaftsgärtner und ein großer Liebhaber der Insel sein mußte, hat nun völlig neue Trassen entwickelt, die gar nichts Artistisches besitzen, ein System malerischer Wege, die sich in das Wesen der Felseninsel einfügen und Helgoland reicher machen, als es jemals zuvor gewesen ist. Neuerdings passieren wir Hohlwege, durchwandeln kleine Täler, ja Schluchten und überqueren sogar manchen Paßweg. Über die Schutthalden, die das Ergebnis der durch Sprengung, Bombenwurf oder Witterungs-Verluste bewirkten Felsabstürze sind, führen verschlungene Serpentinenwege und Zickzacktreppen, sogar Auffahrten für Lastkraftwagen, die früher undenkbar waren. Doch auch mit der Begrünung der erosionsgefährdeten Hänge hatte man Erfolg. Man säte wilden Kohl, Pfeilkresse, falsche Kamille und Hornschotenklee und erzielte die Ergebnisse, die man sich erhofft hatte. Diesen Pflanzen scheint die Helgoländer Luft nicht weniger zu behagen als der Tonmergel, in dem sie wurzeln. Sie schießen üppig ins Kraut und entzücken das Auge durch die Ursprünglichkeit ihres Wuchses. Sie binden die Krume und schützen so den Fels vor dem immer erneuerten Angriff des Windes.

In Bombentrichtern, die kaum noch auf ihren Ursprung schließen lassen, sind windgeschützte Ruhebänke angebracht, die dem Auge sofort nach Verlassen der Mulde entschwinden, also das Landschaftsbild auch nicht beeinträchtigen können.

Nicht alle Trümmer der alten Festungsanlage ließen sich beiseiteräumen. Sie haben aber Moos, Algen oder Flechten angesetzt und fügen sich so in die Landschaft ein.

Ganz neu ist das durch den Hauptsprengkrater gebildete *Mittelland* der Insel, in das sich die Miniaturhäuschen der Helgoländer Altenteiler und das hübsche Krankenhaus einschmiegen. Auch an diesem Südeck der Insel läßt sich der Abhang bis hinauf zur Klippenkante jetzt auf anmutig geführten Treppen besteigen. Eine weitere besonders reizvolle Treppe führt mit 286 Stufen über eine Absturzhalde vom Nordostgelände auf das Oberland. Doch auch die neue Haupttreppe verdient ein Lob für ihre guten Abmessungen. Sie ist überaus angenehm zu begehen.

Auch die Düne verwandelte sich mit Hilfe der Botaniker. Die Ölweide gedieh so gut, daß sie an Häufigkeit schnell zunahm. Das gilt auch für die vorher selten gewordene Stranddistel. Bei der Ausbreitung der Kartoffelrose und des Sanddorns wurde ebenfalls mit gutem Gelingen nachgeholfen.

Wo sich in alten Bombentrichtern Tümpel bildeten, konnten Binsen, Schilf, Kolbenrohr und Schwertlilien angesiedelt werden. Wer die Entstehung dieser Vegetation aus dem Nichts miterlebt hat, der muß dankbar anerkennen: Helgoland ist eine wiedergeborene Insel.

Das Bild des heutigen Helgoland

Die ersten Eindrücke, die Helgoland bei den Gästen erweckt, die Neulinge auf der Insel sind, führen, so wahr mir Gott helfe, in die Irre. Das ist kein Wunder, denn der Himmel über der Düne und dem roten Felsen ist sehr hoch, die See ist unendlich und die Farben des Ortes und des Buntsandsteins sind so leuchtend und stark wie ein optischer Überfall. Sobald der Gast jedoch die nüchterne Bevölkerungszahl, offiziell sind es 2500, erfährt, schlußfolgert er: das ist ein Dorf! Doch es gibt in diesem Dorf keine Bauern und nur noch relativ wenige Fischer, obgleich die Männer der »Börte«, die das Ausbooten der Reisenden besorgen, wie wetterfeste Fahrensleute wirken, in ihrer urwüchsigen Männlichkeit.

Man nennt die Helgoländer zwar mit innerer Berechtigung ein Inselvolk, administrativ und kommunalpolitisch bilden sie hingegen nur eine Gemeinde. Sie aber erscheint ganz eindeutig urban, d. h. städtisch.

Mit den Promenaden, der modernen Biologischen Anstalt, den endlosen Molen und dem belebten Höhenweg des Falm könnte sich jede Großstadt schmücken. Aber es wäre eine Großstadt ohne Bettensilo, ohne Betonburgen, ohne Hochhäuser. Das höchste Bauwerk ist ein Leuchtturm. Dem Himmel sei Dank hierfür!

So städtisch also die Gemeinde Helgoland auch immer erscheint, ihre Gassen mögen noch so überfüllt von kauflustigen Stundengästen sein, so gibt es, von einigen Elektrokarren abgesehen, doch kein motorisiertes Verkehrschaos und keine Auspuffgase.

Daß die Wohnsiedlung auf dem Unterland wie auf dem Oberland so groß – ja, fast sogar großartig – wirkt, hat zweierlei Gründe: 1. die städtebauliche Geschlossenheit des Ganzen (schon da kommt der Begriff des Städtischen ins Spiel), und 2. präsentieren sich die Häuserzeilen unten am Strand und oben an der Felsenkante in einer Breite, die trotz relativ weniger Geschosse der Baukörper von harmonischer Monumentalität zeugt.
So klein auch jede der Hummerbuden am Binnenhafen sein mag, so kraftvoll erscheinen sie in ihrer Reihung. Die Gassen, Winkel und Plätze suggerieren eine große Intimität, um die Helgoland von den Bewohnern anderer Seebäder nur beneidet werden kann. Alles, was die Städtebauer auf dem Festland so oft verzweifelt suchen, hier haben sie es geschaffen: die wohnliche Nähe und die menschliche Nestwärme. Nur gelegentlich stört die nachbarliche Geräuschkulisse.
Ein anderes Problem: So modern das geheizte Freiluftschwimmbad auch immer war (und ist), so schwierig wird die Umstellung mancher der Fremdenzimmer auf die gewachsenen Ansprüche der Feriengäste, denn etliche der Häuser sind in jenen Jahren entstanden, in denen generell in der Bundesrepublik, nach den Prinzipien des sozialen Wohnungsbaues, Wohnkomfort noch nicht zulässig war. Hier Abhilfe zu schaffen, ist vielen Gastgebern inzwischen gelungen. Nicht allen. Neben dem Kurhaus und führenden anderen guten Häusern wird, um das Niveau des Gesamtangebots zu steigern, für das künftige Kur- und Freizeitzentrum des Nordostgebiets ein neues Kur- und Sporthotel mit 200 Betten geplant. Voraussetzung für den Aus- oder Umbau

dieses Geländes war der Neubau der Mole und die Erneuerung der altersschwach gewordenen Küstenbefestigung, für die ein hoher Millionenaufwand gemacht werden muß. Allein an dieser Stelle um die 50 Millionen.
Wasserschutzbauten waren auf der Düne wie in der Nähe des großen Spengkraters erforderlich (Tetrapoden), wobei Geröllmassen abgesichert wurden, die den Sockel des roten Felsmassivs zu verbreitern scheinen. Wäre diese Befestigung nicht erfolgt, so wäre schon in jüngster Vergangenheit das geborstene Gestein durch die Einwirkung der Brandung weggewaschen worden.
Bundesweite Aufmerksamkeit finden die Rettungsmaßnahmen für die berühmte »Lange Anna«, deren gleichfalls ausgewaschener Fuß plombiert werden muß, damit dieses einzigartige Naturdenkmal nicht einstürzt. Damit würde die Insel ihres Wahrzeichens beraubt.
Zu einem Helgoländer Charakteristikum hat sich die ökumenische Arbeit der alten lutherischen Kirchengemeinde mit der jungen katholischen Gemeinde entfaltet, für die ein neues Gotteshaus von intimer Schönheit entstand.
Fundierte Inselkunde pflegt die Volkshochschule, der aus den wissenschaftlichen Instituten der Insel (Vogel- und Meereskunde) akademische Dozenten zugeführt werden. Für Heuschnupfenkranke wie für die allgemeinen Erkenntnisse der Balneologie ist Helgoland attraktives und praxisnahes Tagungszentrum geworden.
Unverändert blieb die Eigenschaft eines Fischereischutzhafens. Wenn in ihm die deutschen, dänischen und holländischen Fischkutter festmachen, dann gibt es nicht nur in allen Gaststätten billigen Frischfisch, sondern auch für die

Amateurfotografen eine Fülle maritimer Motive und Mastenwälder, die aus den Segelschiffhäfen von Hamburg und Bremen längst entschwunden sind.

Helgoländer Geschichtstafel

Die geologische Vorgeschichte der Insel Helgoland zählt nach Jahrmillionen. Früheste Erwähnungen der Insel finden wir bei Römern und erste »sichere Nachrichten« in den Lebensbeschreibungen des Heiligen Willibrord, Bischof von Utrecht 696 – 738.

Andere Chronisten erwähnen ohne eigene Anschauungen die Insel, deren Dimensionen übertrieben werden.

Zwischen 1072 und 1075 hat Erzbischof Adalbert von Bremen u. a. die Gründung eines Klosters auf Helgoland mitgeteilt und die Beschaffenheit der Insel (Heiligland) geschildert.

Im 14. Jahrhundert beginnen konkrete Einzelangaben in den Kämmerei-Rechnungen Hamburgs.

1436 erfolgt eine Eintragung der Helgoländer Kirche im Zinsbuch des Bischofs von Schleswig. Verschiedene Zugehörigkeiten zu Schleswig-Holsteinischen Grafschaften oder Herzogtümern, deren Herrschaftsgebiete wechselten, sind unbestreitbar, doch nicht exakt dokumentiert.

Reiche Heringsfänge bei Helgoland haben um 1425 Hamburger, Bremer, und Stader Kaufleute und Fischer angelockt. Ein knappes Vierteljahrhundert zuvor (1401) wurde der Unterhäuptling der Vitalienbrüder Klaus Störtebeker vor Helgoland vernichtend geschlagen.

Christian V. von Dänemark bestätigte die Amtseinsetzung eines auf der Insel geborenen Helgoländer Landvogts, die Wahl eines Predigers und die alten 1557 aufgezeichneten Landesgesetze.

Da die Insulaner mit der Kreide auf ihrer »Weißen Klippe«, der mit der Hauptinsel verbundenen »Düne«, Raubbau trieben, begann die Flut große Teile der Düne zu zerstören (1711) und trennte 1721 beide. Dies war das Werk einer schweren Sturmflut.

Während der von Napoleon verhängten Kontinentalsperre gegen England wurde Helgoland zum großen Stapelplatz für Schmuggelware. 1807 ging die zuvor dänische Insel in englische Hände über.

Damit die Insel, die tagsüber schon durch die Höhe ihrer Klippe weithin ein sichtbares Seezeichen war, auch nachts die Orientierung der Schiffe ermöglichen könnte, hatten die Hamburger auf dem Oberland eine »Blüse« errichtet, einen viereckigen Turm, auf dessen Plattform ein offenes Steinkohlenfeuer brannte (1630-37-70). Sie bleibt bis 1803 im Dienst, doch traten zahlreiche Unterbrechungen ein.

Wichtig war für die Helgoländer Schiffer das Lotsenprivileg. Doch mußte schon ab 1685 für die Elbfahrt und ab 1789 auch für die Weser ein Lotsenexamen abgelegt werden.

1823 forderte der Helgoländer Schiffszimmermann Jacob Andresen Siemens seine Mitbürger zur Gründung eines Seebades auf. Einer der Hauptanlässe war, den Insulanern eine

neue Erwerbsquelle zu erschließen, da Helgoland nach der Aufhebung der Kontinentalsperre kein gewinnbringender Stapelplatz mehr war.
1834 fuhren die ersten Dampfboote zur Insel.
Große Verdienste erwarb sich der britische Inselgouverneur, Sir Henry Fitzhardinge Maxse (1863–1881). Schon er errichtete einen überdachten Swimming-Pool als Warmbad, eine Landungsbrücke (für ausbootende Schaluppen) und ein Kurtheater.
Am 10. August 1890 übernahm Kaiser Wilhelm II. aus englischen Händen die Insel Helgoland, unter Gewährung eines Katalogs helgoländischer Privilegien, darunter die Zollfreiheit.
Das am 26. August 1841 von Heinrich Hoffmann von Fallersleben auf Helgoland gedichtete »Lied der Deutschen« wurde auch nach der Einverleibung Helgolands ins Reich und in das Land Preußen nicht zur Nationalhymne! Es war für die dynastisch Denkenden zu freiheitlich, für andere zu nationalistisch. Die einen opponierten gegen den Dichter, weil er zu schwarz-rot-gold sei, die anderen vergaßen es.
Die Vogelwarte auf Helgoland, die 437 Vogelarten feststellte, wurde 1910 gegründet. Sie besitzt Weltruf.
Wilhelm II. ließ 1908 – 1918 den Helgoländer Kriegshafen erbauen. Die Insel wurde mit überschweren Geschützen armiert, doch erwies sich der weiche Fels als zu brüchig, um den Erschütterungen der Abschüsse standzuhalten. Diese »Fehlkalkulation« blieb lange militärisches Geheimnis, auch für die Kriegsgegner des Reiches. Vor dem II. Weltkrieg wurden die militärischen Anlagen wiederaufgebaut, doch lediglich als »unversenkbarer Flak-Kreuzer«.

Am 18. April 1947 wurden Festung und U-Boot-Bunker mit 6700 t Munition gesprengt. Zwar entstanden Riesenkrater und ein neues Mittelland, doch der Kern der Insel blieb wider Erwarten erhalten.
Schon vorher waren die Häuser des Ortes durch Brand- und Sprengbomben dem Erdboden gleichgemacht worden. (15. 10. 1944 und 18. 4. 1945.)
Nach dem II. Weltkrieg unternahmen die von ihrer Insel evakuierten »Halluner Moats« (Helgoländer) leidenschaftliche Versuche, um die Freigabe ihrer Heimatinsel zu erwirken, die von der Royal Air Force als Übungsziel für Sprengbomben verwendet wurde.
Am 19. Dezember 1950 begann als Protest gegen die Verwendung der Insel als Ziel für scharfe Übungsbomben mit dem Motorboot »Paula« von Cuxhaven aus eine friedliche Insel-Invasion. An Bord waren die Studenten René Leudesdorff und Georg von Hatzfeld. Ihr inselkundiger Begleiter war der Hummerfischer Hinnerk Lührs. Gemeinsam hißten sie auf dem Oberland die Europa-Flagge. Einige Tage später folgte ihnen Prinz Löwenstein.
Unter dem wachsenden Druck der Öffentlichkeit beschloß England die Freigabe der Insel. Sie erfolgte am 1. März 1952. Friedrich Wilhelm Lübke, Ministerpräsident von Schleswig-Holstein, übergab Helgoland seinen Bewohnern, in deren Namen Hans Heisecke antwortete.
Der Wiederaufbau begann sofort. Planungen hatten schon 1951 eingesetzt. An einem Ideenwettbewerb hierfür hatten 250 in- und ausländische Architekten teilgenommen. An einer Helgoland G. m. b. H. beteiligten sich Bund, Land und Gemeinde sowie der Kreis Pinneberg.

Die evakuierten Helgoländer kehrten im Zuge dieses Wiederaufbaus fast vollzählig zurück. Auch der Badebetrieb begann bald, anfangs in einer Zeltstadt auf der Düne. Bevor es feste Häuser gab, wurden Lebensmittel und zollfreie Waren in improvisierten »Kiosken« verkauft. Seither liegt die Leitung der Helgoländer Gemeindevertretung in den Händen des verdienstvollen Bürgervorstehers Peter H. Botter.
Die Herrschaft über die Insel hat wiederholt gewechselt. Die wichtigsten Phasen dieser Herrschaft sind:
Holstein 1490 – 1714,
Dänemark 1714 – 1807,
England 1807 – 1890,
Deutschland 1890 bis in die Gegenwart.

Helgoländer Zahlen

Drei Zahlengruppen sind für das Nordseebad Helgoland von großer Bedeutung: Die der Einwohner, die der angebotenen Betten und zum dritten die Zahl der Gäste, wobei zwischen Tagesgästen und Dauergästen unterschieden werden muß. Gegenwärtig (1979) wird die Einwohnerzahl mit rund 2500 angegeben. Dem entspricht eine annähernd gleich hohe Zahl der angebotenen Gastbetten mit 2430, von denen 318 auf zwölf relativ kleine Hotels entfallen. Daneben gibt es 64 Fremdenheime mit 1113 Betten und 180 Privatunterkünfte mit 873 Betten, ferner die Bungalowstadt mit 126 Betten. Sie alle werden im Jahresdurchschnitt mit rund 140 Belegungen je Bett genutzt. Die Aufenthaltsdauer der Kurgäste schwankte in den letzten Jahren zwischen je 8 und 8,4 Tagen. Interessant sind die Entwicklungen der Gästezahlen nach 1890, dem Jahr des Anschlusses der Insel Helgoland an das Deutsche Reich. Zunächst fehlten noch die Tagesgäste. Wer die Insel besuchte, mußte schon zwangsläufig einige Tage bleiben. So zählt die Statistik für 1890 lediglich 12732 und für 1895 14270 Dauergäste auf. Das waren nicht viel mehr als es gegenwärtig an einem einzigen Tag an Kurzbesuchern gibt! Umso tiefer war das Inselerlebnis jener frühen Dauergäste, wofür es an begeisterten Zeugnissen keineswegs mangelt.
Ab 1900 werden auf einen Dauergast erstmals zwei Tagesgäste registriert, das waren 18763 : 34000. Dieses Verhältnis betrug 1913, unmittelbar vor dem I. Weltkrieg, 32345 : 101400, also 1 : 3. Wie schwer Helgoland und seine Bewohner durch Krieg, Evakuierung und Inflation heimgesucht worden sind, wurde noch 1919 durch das fast völlige

Ausbleiben wägbarer Besucherkontingente demonstriert: Nur 8 000 unentwegte Dauergäste und lediglich 11 000 Tagesgäste erschienen. Kein Wunder übrigens, denn schließlich mußten die Beziehungen zu Hamburg und Bremen erst neu geknüpft werden.

Im Jahre 1927 ließ sich eine Konsolidierung der für Kurgäste verzeichneten Ziffern feststellen: Es waren 41 602, was den gegenwärtigen Stand erreicht (!), während sich die Tagesgäste mit 111 500 in Grenzen hielten.

Rekorde brachte dann nach dem II. Weltkrieg das Jahr 1975 mit 46 174 Kurgästen (bei rund 400 000 Übernachtungen) und einer Gesamtzahl der Tagesgäste mit 702 468. Dabei pendelt die Zahl der Fluggäste um jährlich 17 000. Rückschläge sind, weniger bei den Kuraufenthalten als bei den Kurzbesuchern, wetterbedingt. Wer die Insel liebt, kommt und bleibt, auch bei Sturm und Wind. Bloße »Schnapstouristen«, die Wind und Regen scheuen, bleiben bei dunklen Wolkenfetzen auf dem Festland.

Ohne Frage ist das Naturwunder Helgoland mehr wert als eine bloße Butterfahrt. Doch hat sich das Verhältnis zwischen jenen Helgolandfreunden, die hier nachhaltige Erholung suchen, und den bisweilen lärmenden Kurzbesuchern eingependelt. Wer kuren will, fährt hinüber zur Düne, und er kehrt auf die Insel zurück, wenn die weiße Flotte die Anker gelichtet hat. Die Insulaner müssen mit beiden Gruppen leben. Kenner der Insel bevorzugen die Vor- und Nachsaison und sogar den Winter.